智慧校园
及其发展新思路

—— 黄江涛◎编著 ——

中国铁道出版社有限公司
CHINA RAILWAY PUBLISHING HOUSE CO., LTD.

北 京

内 容 简 介

　　智慧校园是在数字校园建设基础上提出的新概念，需要融合全新的服务理念、全面的管理业务和信息共享机制，有效提升管理水平。本书立足于作者多年教育实践，着重阐述了智慧校园在规划设计、依赖技术和实践层面的实现思路，以期为智慧校园建设和研究人员提供参考和行之有效的可借鉴方案。

图书在版编目（CIP）数据

智慧校园及其发展新思路 / 黄江涛编著. —北京：
中国铁道出版社有限公司，2023.7
　ISBN 978-7-113-30282-5

Ⅰ.①智… Ⅱ.①黄… Ⅲ.①智能技术-应用-学校
管理-研究　Ⅳ.①G47-39

中国国家版本馆CIP数据核字（2023）第098441号

书　　　名：**智慧校园及其发展新思路**
作　　　者：黄江涛

责任编辑：荆　波　　　　编辑部电话：(010) 63549480　　　电子邮箱：the-tradeoff@qq.com
封面设计：中北传媒
责任校对：安海燕
责任印制：赵星辰

出版发行：中国铁道出版社有限公司（100054, 北京市西城区右安门西街 8 号）
印　　刷：北京联兴盛业印刷股份有限公司
版　　次：2023 年 7 月第 1 版　2023 年 7 月第 1 次印刷
开　　本：710 mm×1 000 mm　1/16　印张：15.5　字数：196 千
书　　号：ISBN 978-7-113-30282-5
定　　价：79.00 元

前　言

当前已经由信息时代进入大数据时代，数据中包含着重要的价值。智慧校园是在数字校园建设基础上提出的新概念，需要融合全新的服务理念、全面的管理业务和信息共享机制，有效提升管理水平。随着智慧校园概念的提出，数据驱动服务成为主流，搭建数据中台能够"盘活"校园全量数据，促进校园从功能提供向数据服务转变，智慧校园的建设离不开数据服务提供的支撑。信息化的发展为教育的变革提供了重要条件，而探索智慧课堂，构建智慧校园已成为学校变革的必由之路。

鉴于此，笔者撰写了《智慧校园及其发展新思路》一书，在内容编排上共设置七章：第一章作为本书论述的基础和前提，分析智慧校园的起源与发展、智慧校园的内涵与特征、智慧校园建设思路及发展前景；第二章基于多元化教学的视角，论述智慧校园的架构、智慧校园的核心内容、智慧校园中的智能教学和智慧校园中的混合式教学；第三章讲述智慧校园建设中的网络信息技术；第四章以智慧校园的智能化管理系统发展为依据，探讨智慧校园智能化管理系统、云数据智能管理系统的多元技术、智慧校园的可视化管理信息系统以及智慧校园的安防系统与一卡通系统；第五章阐述智慧校园的规划与建设实施；第六、七章突出实践性，分别从智慧校园生活与网络学习、多元化技术助力智慧校园发展两个方面研究智慧校园的发展新思路。

全书结构科学、论述清晰，力求达到理论与实践相结合。书中内容为智慧校园的建设和研究人员提供参考的同时，也可帮助高等院校教育技术学专业的本科生和研究生更好地学习智慧校园课程。

笔者在撰写本书的过程中，得到了许多专家学者的帮助和指导，在此表示诚挚的谢意。由于笔者水平有限，加之时间仓促，书中所涉及的内容难免有疏漏之处，希望各位读者多提宝贵意见，以便笔者进一步修改，使之更加完善。

黄江涛

2023 年 4 月

目　录

第一章　绪论···001

　　第一节　智慧校园的起源与发展···001

　　第二节　智慧校园的内涵与特征···003

　　第三节　智慧校园建设思路及发展前景··009

第二章　智慧校园及其多元化教学···012

　　第一节　智慧校园的架构分析···012

　　第二节　智慧校园的核心内容···018

　　第三节　智慧校园中的智能教学···041

　　第四节　智慧校园中的混合式教学···044

第三章　智慧校园建设中的网络信息技术··065

　　第一节　智慧校园的网络体系与互联网技术····································065

　　第二节　智慧校园建设中的云计算与大数据技术·····························104

　　第三节　智慧校园建设中的信息主动推送技术·································110

　　第四节　智慧校园建设中的移动端实现技术····································113

第四章　智慧校园的智能化管理系统发展 ································ **117**

　　第一节　智慧校园智能化管理系统概述 ··························117

　　第二节　云数据智能管理系统的多元技术 ······················119

　　第三节　智慧校园的可视化管理信息系统 ······················125

　　第四节　智慧校园的安防系统与一卡通系统 ····················129

第五章　智慧校园的规划与建设实施 ································ **180**

　　第一节　智慧校园的规划与设计 ······························180

　　第二节　智慧校园的建设与部署 ······························182

　　第三节　智慧校园的管理与推广 ······························184

　　第四节　智慧校园的评价与反馈 ······························187

　　第五节　全面智慧校园建设与后续建设 ························195

第六章　智慧校园生活与网络学习新思路 ··························· **214**

　　第一节　开放性智慧校园生活服务平台分析 ····················214

　　第二节　智慧校园网络学习平台建设的新思路 ··················218

　　第三节　智慧校园建设中校园百事通的设计与实现 ··············221

　　第四节　智慧校园建设应用研究与学习场景的构建思路 ··········223

第七章　多元化技术助力智慧校园发展的新思路 ····················· **227**

　　第一节　桌面云技术在智慧校园建设中的应用探究 ··············227

　　第二节　区块链技术助力智慧校园创新的建设思路 ··············232

　　第三节　基于极简技术自主创生的智慧校园生态建设 ············236

参考文献 ··· **240**

第一章 绪论

随着信息化浪潮在全球的兴起，教育的发展也迈入了一个全新的高速发展阶段。智慧校园对传统的教育思想、教育理念以及教学模式、内容、方法等产生了巨大的冲击。如今，智慧校园正在推动教育形式和学习方式的巨大变革，引领着全球教育信息化的发展方向，逐渐成为教育发展的主旋律。

第一节 智慧校园的起源与发展

智慧校园诞生于教育信息化进程中，是在数字校园建设基础上提出来的，其中的"智慧"源于"智慧地球"。"智慧地球"的概念由国际商业机器公司（IBM）于 2008 年提出，并于 2009 年在中国举办的"IBM 论坛和中国策略发布会"再度推出。"关于智慧的含义，首先，它是信息技术视野下一种新的理念、新的管理模式，变革了人与人之间的关系、人造系统与自然的交互方式，其目的是致力于解决当今世界面临的问题"[①]；其次，要具有系统性思维，这样才能最大化系统的智慧行为，产生更好的效果，更大的效率，而且这种系统性智慧行为在整个生态系统中能够自我变革并具有洞见能力；最后，涵盖了

---

① 罗金玲. "互联网 +" 时代智慧校园建设探索 [M]. 长春：吉林大学出版社，2016：6.

"智慧"的传统含义，但又不是简单的引用其含义，而是具有信息时代特有的数字化、数据化、网络化、智能化外延。"智慧地球"概念一经提出，就在国际产生了较大的反响，渗透到信息化相关的各个领域，催生了许多新的概念，智慧校园就是其中之一。

随着互联网、云计算和大数据等新兴信息技术的出现以及国家教育信息化建设工程的提出，很多学校已逐渐突破了传统的数字校园建设范畴，将关注点转向了更高层次的智慧校园。简言之，智慧校园就是一个基于云计算网络架构的综合体。在这个综合体中，既包括后台的云计算数据中心，又包括面向用户的智慧应用平台。依赖于这个综合体，学校教育不仅实现了透明高效的校务管理，还为学生提供了一个可以随时随地进行线上学习的网络平台。实质上，智慧校园建设最为关键的是智慧应用平台的搭建，其是集教学、科研、管理及校园生活于一体的资源管理平台。具体来说，智慧应用平台就是一个基于网络科技的信息资源整合体，其特征主要有以下四个方面：

第一，实现了教学资源的充分共享；

第二，实现了网络与技术环境的高度融合；

第三，实现了快速智能的管理和决策服务；

第四，实现了独特的信息化服务。

在学校教育信息化建设工程中，智慧校园的建设以智能、互联和协同为理念，围绕在线共享教学资源和信息资源公共服务这两大体系，最终建成一个能满足学校多样化需求和优质教学资源高度共享的校园。首先，在线共享教学资源体系的构建不仅可以为学校师生提供功能多样、信息连接顺畅的终端，还为其搭建了一个操作简单、信息资源完全共享的综合信息服务平台；其次，信息资源公共服务体系主要是建立面向外界的信息交流端口，以实现教学资源的高度共享。而云计算技术在智慧校园建设中的应用，不仅可以解决目前智慧校园在建设中遇到的难题，还有利于实现学校资源的高度整合。

在校园信息化建设中，数字校园和智慧校园是两个不同的阶段。数字校园的主要目的是通过基础性设施建设和信息技术应用来实现可视化的校园运行和管理；而智慧校园建设的主要目的则是依赖现代信息通信技术构建教学最优化的校园发展模式和形态，进而提高校园的感知化和智能化水平。因此，智慧校园的建设不仅要利用先进的信息化工具和设备，以实现从硬件到软件的全面数字化，还要充分发挥云计算的技术优势，以构建灵活、高效的校园管理服务体系。总的来说，智慧校园作为信息化建设的更高层次，其最终的目的是要满足学校师生的生活、学习及工作等多方面的需求，而信息技术在智慧校园建设中的应用赋予了学校教育高度的智能化和高效化特征。

第二节　智慧校园的内涵与特征

一、智慧校园的内涵

"智慧校园是支持教育共同体开展教育活动的智能化空间和条件，其构建应以教育共同体为中心，在先进的学习、教学和管理理论指导下，利用各种技术智能感知教学、学习与管理情境，识别教育主体特征，为教育活动的开展提供合适的资源、工具和服务，有效促进教育共同体的智慧生成"[①]。当前阶段智慧校园的内涵理解如下：

第一，良好的网络、硬件设施基础构建了智慧校园运行的基础环境。

第二，持续发展的现代信息化应用技术为校园带来了各式各样针对性更强和使用更便捷、更高效的应用，并且实现了各类应用的高度集成与融合。

---

① 李进生.智慧校园基础［M］.北京：首都经济贸易大学出版社，2021：10.

第三，移动应用、互联网、云计算、虚拟技术、大数据、人工智能等新兴技术让校园信息化应用从线状运行向网状运行发展，为智慧校园能够实现其个性化、智能化目标提供了技术保障。

第四，全体师生信息化能力与素养的提升是保障智慧校园技术得以应用并不断发展的基本条件，智慧校园的实现不仅基于技术的进步，还需要人的进步。

第五，智慧校园的出现是长期发展的结果，它还将长期发展下去，因此保障智慧校园运行发展的稳定和持续尤为重要，这不仅要求学校有优良的技术和合格的使用者，还要求学校务必将智慧校园运行的机制体制建设纳入其中。

智慧校园的实施应秉承信息技术与教育教学深度融合的理念，注重学生信息化能力和素养的全面提升，提高教师信息化教学能力与素养，促进学校改革与发展目标的实现。同时，智慧校园不仅仅是信息化技术系统的建设，更重要的是突出机制创新，重视学校信息化组织结构与体系的构建。组织结构与体系是智慧校园的有机组成部分，是智慧校园顺利实施、平稳运行和持续发展的保障，至少包括信息化领导力、信息化组织机构、信息化政策与规范、信息化人力资源、信息化建设与应用机制、运维管理体系和安全保障体系等七个方面。

二、智慧校园的特征

智慧校园的特征主要表现在以下八个方面：

（一）感知化特征

智能感知是智慧校园教育环境的基本特征，主要指通过整合二维码

（QRCode）、射频识别（RFID）等技术的各种传感器、嵌入式设备，对教育环境进行物理感知、情境感知、社会感知，并实现自然交互。

物理感知的对象主要包括温度、空气、声音及光线等与教育活动有关的位置信息和环境信息；情境感知主要是指通过对原始数据的识别和筛选进行情境推理，进而为学校教育活动的开展提供有效的教育资源和活动建议，在情境感知中，为了提高情境推理的有效性和针对性，需要借助一定的模型，包括情境模型、活动模型、时空模型及学习者模型等；社会感知的对象主要包括不同学习者的学习和交往需求、学生与教师之间的社会关系等；自然交互是指利用多种感官及肢体语言开展人机互动，如语音、姿势、表情识别等，实现智能化的人机交互。

（二）融合化特征

智慧校园包含从环境（如教室、实验室等）、资源（如图书、教师、课件等）到应用（如教学、管理、服务、办公等）等全部的校园信息化系统，需要建立基于以大数据为中心的应用系统集成与数据融合，最大限度地减少信息孤岛、资源孤岛现象的产生。这样的集成与融合化，需要将异构的服务系统做统一化处理，实现一站式服务、数据共享、系统互通互用，从而实现不同资源、服务、应用系统之间的互操作、无缝连接与资源共享，包括各类终端设备与智慧校园平台的泛在连接和服务会话。

（三）泛在化特征

智慧校园的泛在化特征不仅体现在教育环境方面，同时在校园管理及校园服务等领域，也将实现服务的泛在获取。所谓的泛在化主要指教育环境的运转不再局限于个体，如传统学习中的教师，而是以一种平面化的方式实现教育共同体之间的互联，具体体现在教育共同体可在任何时间、任何地点以任何方式进行无缝的教学和学习。也就是说，智慧校园所构建的泛在的教育环境不仅可以实现在校师生在网络空间和物理空间的无缝对接，还可以为其提供无处不在的教育支持服务。

（四）大数据化特征

在智慧校园建设中，随着校园网络体系内联网实体的不断增多，传统的数据架构早已无法满足实际的数据处理需求，而大数据技术基于其快速有效的价值分析功能，与智慧校园建设的融合，不仅可增强海量数据之间的关联性，还可以进行信息的自动分析和深度挖掘。大数据的设计理念一方面为当下及未来的教育提供了更有价值的数据信息，另一方面还强化了信息化校园建设中的"智慧"特色，赋予了智慧校园大数据化的特征。

校园大数据运行体系以校园大数据中心为核心，数据的形成与应用过程包括数据采集更新、数据组织整理、数据生成共享、数据挖掘利用、决策支持服务等。在智慧校园中，智慧校园的各类应用系统都可以全程记录各个用户的历史数据，便于数据挖掘和深入分析，从而做出科学合理的评价、建议并推送相应的服务。

（五）深度参与特征

将智慧校园作为一个实体对象，用户的深度参与包含多个层面的含义。用户可以通过统一身份认证和单点登录，访问和使用智慧校园系统中的诸多应用系统；用户在使用某一应用系统的时候，可以获取该系统中的资源与服务，包括该系统通过系统间相互操作从其他多个应用系统调取资源和数据所形成的服务，同样，用户在本系统中所形成的操作结果和记录，反过来也将影响或服务于其他应用系统；用户在智慧校园环境下，不仅仅是通过信息化环境与其他用户进行资源与服务共享，更多的是能够获取大量由智慧校园系统自身智能化、智慧化生成的资源与服务，这一生成的结果往往与用户在智慧校园中留下的历史信息和使用记录直接相关；智慧校园是物理空间与信息空间的有机衔接。因此，用户可以通过智慧校园的相关应用了解特定区域或范围物理空间的状况，反之，也可以通过信息空间去影响或改变物理空间的状态。由此可见，用户在智慧校园中的参与深度，远超在数字校园中的资源与服务共享。

（六）个性化服务特征

大数据、智能分析及数据挖掘技术在智慧校园建设中的应用，不仅可以实现与教育活动有关的物理位置和环境信息的智能感知，还可以随时记录教师和学生在教育过程中所表现出的认知风格、知识背景及个性偏好等。这在一定程度上赋予了智慧校园个性化的服务特征。体现在教育环境方面，即智慧校园可依赖于独特的教育工具和服务，为每个学习者和教育者提供个性化的教育环境。在校园的日常管理、教师发展、生活服务领域，针对不同部门、不同岗位、不同项目建设中的参与者，也可以提供有针对性的个性化服务。

例如，根据每个学习者的学习阶段和学习进度，为其制订个性化的学习计划，推送合适的学习资源和建议；根据教师的成长数据，自动推送其下一步发展所需的教科研信息；根据校园来访人员所处的校园位置，推送公共服务设施信息及路线信息；根据食堂菜品的反馈信息，为厨师提供消费反馈以及建议信息等。

（七）便捷获取特征

智慧校园系统强调"便捷地获取"。"便捷"二字是相对于数字校园而言的，如果想获取某一项资源或服务，在数字校园模式下可能会很麻烦，但在智慧校园模式下则很便捷。为了实现便捷获取，需要从智慧校园整体的设计和各信息系统的具体实现上落实大量细节上的工作。大数据中心是实现便捷获取的根本保障，各信息系统与大数据中心的有效对接是便捷获取的必要条件，各信息系统自身应用服务设计科学、适用且具有智慧化的服务形成与输出能力是便捷获取的局部实现，基于应用服务集成的人机交互环境、一站式服务、网络信息与数据共享、系统互通互用是便捷获取的具体呈现，使用各类终端设备泛在获取资源与服务是便捷获取的时空要求。对于智慧校园的用户而言，便捷获取是其"智慧化"感受的最直接来源。

（八）分析预知特征

智慧校园系统的分析预知特征是指无须教育者、学习者、管理者的有意识干涉，相关系统就能够提前预知并提供教学、管理、活动所需的资源、工具和服务，以及对自动判断和触发的失衡性问题和情况随时进行提醒或自动调整，从而达到动态平衡并解决相关问题的目的。

例如，智慧校园的教育环境不仅可以记录学生的考试过程，如解题思路、答题时间及结果等，还可以跟踪每个学生的学习表现，如学习持续时间及学习行为等。这种分析预知的特征一方面可以帮助教师了解学生的困扰所在，为下一阶段教学计划的制定提供依据；另一方面可以使教师借助情感计算预测学生将会遇到哪些学习危机和心理问题，进而为教师制定合理的解决方案奠定基础；在校园安全管理领域，发现特定区域人员异常或过度聚集时，自动启动监控与疏导机制等。

第三节　智慧校园建设思路及发展前景

一、智慧校园的建设思路

智慧校园的建设不仅需要高层领导的决策，更需要中层管理人员的实施和基层使用人员的配合。因此，在智慧校园的建设过程中，不论是前期统筹还是后期建设都需要在学校领导层的指示和协调下进行，这也说明智慧校园的建设必然会关系到每个部门甚至是每个人的核心利益。由此可以看出，智慧校园的建设是一项规模巨大的工程。作为智慧校园的核心环节，云计算数据中心的建设是至关重要的，不论是智慧教学云平台，还是智慧管理云平台，在构建的过程中都要以云计算数据中心为支柱。打破传统的学校教学科研和校务管理思维是智慧校园建设的第一步，同时为了使各平台的流程设计符合学校顶层设计中信息化的要求，需要从整体的高度重新建设软件资源。

智慧校园的建设是一项复杂的系统工程，所以建设智慧校园时要有整体规划、注重"两端"建设与更新迭代的思路，采用系统化思维和方法作为智慧校园的建设思路。

第一，整体规划。在设计智慧校园的顶层架构时，要构建模块化和可灵活拓展的技术架构，要充分考虑云计算、大数据、移动化等技术趋势，同时要注意智慧校园系统的安全性。

第二，注重"两端"建设。建设智慧校园系统需要注重前端的用户体验，能够支持移动端 App 和微信小程序访问，提升在校师生和管理人员的用户体验。智慧校园的后端要以大数据平台为核心，让数据实现全校范围融合，实现统一的数据标准、数据视图、数据流转、数据管理和数据分析。让数据成为学校的核心资源,并加以利用。同时,要将前端用户体验和后端的大数据库连接,构建全校范围的业务流程网络,为广大师生提供一致性的教学、科研、管理、生活、社交等服务。

第三,注重迭代。智慧校园的建设是一项复杂且长期的系统工程,不可能一蹴而就,要分步骤实施建设。在建设智慧校园系统时,要注重对系统的维护,并在维护过程中发现系统漏洞,收集用户反映的情况,并根据这些对系统进行更新迭代,让智慧校园系统保持活力,紧跟用户需求与时代发展。

二、智慧校园的发展前景

基于大数据的采集、分析和挖掘等技术优势,智慧校园所构建的立体综合数据处理系统不仅涉及了学校教育的各个方面,如专业设置及课程安排等,还进一步提高了资源的利用率,优化了学校教育质量。

第一,智慧校园的应用提升了办学效益。借助互联网,教师可在教学平台提前发布教学内容及各种资源数据,为学生进行课前预习、课后巩固提供了条件。从这一层面来讲,智慧校园为师生构建了多维度的教学体验,使得教学过程突破了时间和空间的限制。而且智慧校园基于连贯性的数据采集特征,进一步融合了教学资源,增强了教学的系统性。此外,借助于互联网,教师可以在线答疑解惑,在减少教学工作量的同时提高了教学的针对性。

第二,智慧校园的应用可优化管理模式。数据的批量处理和任务流程的规范化管理不仅可以避免管理人员进行重复性的劳动,还有利于其高效适应学校工作流程的变化。除此之外,智慧校园所形成的现代化管理模式还可以灵活调整资源的配置,通过准确、详细的数据采集以提高数据汇总分析的有效性。

第三，智慧校园的应用可提高决策的可靠性。智慧校园系统对校园内教学、科研和管理的监控统计，一方面有利于管理者基于标准化的对比分析来制定切实可行的决策；另一方面智慧校园系统可通过汇总学校各项业务活动中的财务数据（包括成本和费用等），在进行全面核算分析的基础上提高资金的使用价值。

第四，智慧校园的应用可提高学校的社会影响力。基于完善的网络系统，智慧校园可自主生成网页内容，这不仅可增强学校宣传的力度，以吸引学生，促进招生就业，更有利于展现学校的实力，进一步提升学校的社会影响力。除此之外，智慧校园系统还有利于院校部门之间的协同管理，借助高效的智能管理系统加强高校各院系之间的分享和交流，进而实现共同进步。

第二章　智慧校园及其多元化教学

多元化教学是教育产业智能化发展的必由之路，也是智慧校园建设的意义所在。运用信息化手段将资源以整合的方式应用到教学中，可以改变传统的教学模式，让课堂内容更丰富、教学互动更有趣，以期达到激发学生学习兴趣，丰富教学内容的目的。本章将基于多元化教学的视角，论述智慧校园的架构、核心内容以及智慧校园中的智能教学和混合式教学。

第一节　智慧校园的架构分析

智慧校园的基本架构可分为基础设施层、支撑平台层、应用平台层、应用终端层和条件保障体系。

一、基础设施层

"基础设施层是智慧校园平台的基础设施保障，提供异构通信网络广泛的物联感知和海量数据汇集存储，为智慧校园的各种应用提供基础支持，为大数据挖掘、分析提供数据支撑，包括校园信息化基础设施、数据库与服务器等"[①]。

---

① 李进生.智慧校园基础［M］.北京：首都经济贸易大学出版社，2021：36.

基础设施建设需要实现资源的集中化、规模化，实现对各类异构软硬件基础资源的兼容性和资源的动态流转，同时对静态、固定的硬件资源进行调度，形成资源池。

第一，数据中心机房。校园网络数据中心由数据中心机房、服务器、网络核心设备、存储子系统、不间断电源（UPS）、空调、安防设备等构成。

第二，数据库与服务器。数据库与服务器是智慧校园服务的数据汇集存储系统，配置管理数据库、用户数据库、媒体数据库、备份数据库以及与之相对应的应用服务器、文件服务器、资源服务器和备份服务器等。

第三，网络通信系统。网络通信系统主要包括互联网接入，如有线接入、无线接入等。网络通信系统建设的目标是建设一个实用、高速、运行稳定可靠以及安全可控的校园网络，为学校的资源共享、教育教学、职业训练、学校管理和网络文化生活等校园信息化应用和服务提供满足服务质量要求的网络支撑环境。

第四，感知系统与互联网技术设施。感知系统包括物理环境感知、活动情境感知、设备感知和人员身份感知等。在高等院校中，感知系统与互联网技术设施的建设与应用可在以下方面促进校园智慧化的发展：

①在教学方面，应逐步在课堂及实习实训环境中布设感知设备，为智慧教室、新型实习实训环境的建设奠定信息采集、管理或控制的基础；

②在安防方面，应在校园重点及敏感区域布设感知设备，以对感知范围内的人员、设备、车辆、事件等各类重点信息进行监控和监测，逐步形成智慧化的校园管理与服务环境；

③在节能方面，应在学校的水电气等能源消耗控制部位布设感知设备，可实现远程自动监测和实时控制，并逐步形成校园智慧节能体系；

④在管理方面，各类感知设备所产生的数据可以通过有线网络和无线网

络进行传输，并由校级互联网管理平台进行管理，且能按需与其他系统实现数据交换和共享。

第五，各类信息化应用专属基础设施。在学校的智慧教学环境、资源与智慧校园管理、服务体系的建设过程中，很多具体信息化应用往往需要配套专属基础设施。在进行各类信息化应用专属基础设施建设的时候，应遵循以下基本原则：

①优先使用校园网络数据中心的计算资源，以便于学校计算资源的统一管理与综合应用；

②优先使用已有的校园网络通信资源新增和扩展的网络通信设施，也需要尽快并入校园网络通信资源体系；

③对于与互联网应用相关的信息化系统，在信息化系统规划设计时，应考虑已有校园感知系统与互联网设施的有效利用，对于新增和扩展的感知系统与互联网设施，应并入校园感知系统和互联网设施体系；

④对于需要公共终端资源的信息化系统，在信息化系统规划设计时，应考虑对校园已有公共终端设备与设施的有效利用，对于新增和扩展的公共终端设备与设施，应并入校园公共终端资源体系。

二、支撑平台层

智慧校园支撑平台层是体现智慧校园云计算及其服务能力的核心层，为智慧校园的各类应用服务提供驱动和支撑。通过支撑平台层，能够解决信息孤岛问题，实现智慧校园各类应用服务的集成以及数据融合综合应用，包括统一身份认证、统一信息门户、统一数据标准、决策支持服务、一卡通应用服务、基于数据形成的档案服务等。为实现智慧校园支撑平台层的建设，学校应进行校园大数据中心系统的规划与持续建设。校园大数据中心所提供的核心服务，通常包括以下五个部分：

第一，数据交换。数据交换单元是在基础设施层数据库与服务器的基础上扩展已有的应用，包括数据存储、数据汇聚与分类、数据抽取与数据推送等功能模块。

第二，数据处理。数据处理单元包括数据挖掘、数据分析、数据融合和数据可视化等功能模块。

第三，数据服务。数据服务单元包括数据安全服务、数据报表服务、数据共享服务等功能模块。

第四，支撑平台。支撑平台单元包括统一身份认证、权限管理、菜单管理和接口服务等功能模块。

第五，统一接口。统一接口单元是智慧校园实现安全性、开放性、可管理性和可移植性的中间件，如 API 接口、B/S 接口、C/S 接口和个性化接口等。

基于大数据中心，学校各类应用系统与已经部署且开放接口的国家核心系统、上级通用系统能够在用户、数据、业务处理上高度融合，实现无缝对接。

三、应用平台层

应用平台层是智慧校园应用与服务的内容体现，在支撑平台层的基础上，构建智慧校园的环境、资源、管理和服务等应用，为师生员工及社会公众提供泛在的服务。应用平台层包括智慧教学环境、智慧教学资源、智慧校园管理、智慧校园服务四个部分。

第一，智慧教学环境。智慧教学环境可以是实体、虚拟或虚实相结合的教学环境，需构建智慧教学管理和服务应用，为师生教学活动提供支撑服务，包括多媒体教室、智慧教室和创客实训环境等应用单元。

第二，智慧教学资源。智慧教学资源是智慧校园的重要功能单元，使用者可通过多种接入方式访问资源管理平台，并搜索、浏览或下载所需资源，需构建智慧校园的管理和服务应用，为在线用户提供支撑服务，包括资源制作、资源库、资源应用等应用单元。

第三，智慧校园管理。智慧校园管理专指学校各个行政管理部门的行政管理、教学管理、科研管理、人力资源管理、资产设备管理、财务管理（办公自动化）等管理信息系统。

第四，智慧校园服务。智慧校园服务是指以信息技术为手段，为教学提供互联网智慧化校园公共服务支撑体系，需构建智慧校园服务体系的管理和服务应用，为在线用户提供支撑服务，包括数字图书馆、校园生活服务、校园安全服务、运维保障服务和虚拟校园服务等应用单元。

四、应用终端层

应用终端层是接入访问的信息门户，访问者通过统一认证的平台门户，用各种浏览器及移动终端实现安全访问，随时随地共享平台服务和资源，包括用户和接入访问两个方面。用户是指教师、学生、管理者和操作员等使用群体；接入访问是指用户可以通过计算机网页浏览器或移动终端系统接入访问。

五、条件保障体系

智慧校园的条件保障体系包括教育信息化领导力，信息化组织机构与人力资源，信息化政策、规范与机制，信息化项目建设与运维管理以及信息化安全保障体系等五个方面，它们都是智慧校园顺利实施、平稳运行和持续发展的保障，也称之为可持续发展保障体系。

　　第一，教育信息化领导力。教育信息化领导力是指校级领导的信息化相关能力与素养，主要由信息化价值的认知能力、信息化工作的调控能力和信息化绩效的评估能力三部分构成。校级领导通过加强对信息化工作的具体指导，让信息化建设满足本校的需要，促进信息化要素充分发挥作用，支持学校的教学创新和管理改革。

　　第二，信息化组织机构与人力资源。学校应当组建高效的信息化组织机构，以适应信息化学校教学模式创新和业务流程再造等带来的变革需要，保障智慧校园的实现。信息化组织机构主要包括学校信息化领导小组、负责信息化工作的校级领导、单独设置的中层管理机构（信息化办公室或教育信息中心）、学校业务部门以及监理与评价小组。

　　第三，信息化政策、规范与机制。学校应制定信息化战略规划，战略规划既包括3～5年的中长期规划，也包括基于中长期规划分解形成的短期规划与计划（每年、每学期规划）。学校应制定智慧校园规划与建设机制、信息化建设管理规范、信息化应用激励政策、用户信息化岗位规范、信息化应用管理规章、人员培训制度、经费保障机制、研究与发展机制等一系列校级政策、规范与机制，并且符合基础设施建设准则、应用服务建设准则、教育信息化标准与规范。

　　第四，信息化项目建设与运维管理。在智慧校园的建设过程中，不论是哪个子项目的实施都需要经历四个阶段，即规划与设计、建设与部署、管理与维护、应用与推广。此外，效果评价应贯穿于智慧校园建设的全过程，通过观察与记录以形成针对各个阶段的反馈意见，进而促使智慧校园的建设更顺利地进行。智慧校园运维管理是指针对智慧校园各系统采取相关的管理办法和技术手段，对运行环境和业务系统等进行维护管理，保障智慧校园稳定运转的工作。具体要求是通过建立运维管理组织和运维管理平台，在结合规范的规章制度和管理流程的基础上运用合理的运维管理工具实现统一的运行维护，进而保障智慧校园的稳定运转。

第五，信息化安全保障体系。智慧校园安全保障体系是指为实现智慧校园安全保障的目标所制定的方针政策、组织结构、规章制度、流程规范和技术手段的总和，涵盖网络系统安全、计算机系统安全和信息安全等范畴。

第二节　智慧校园的核心内容

一、智慧校园教学环境

高校在智慧教学环境中，重点可进行多媒体及智慧教室建设、资源共享与网络教学应用体系建设、实习实训环境智慧化建设和远程职业培训体系建设等。

（一）智慧教学环境的功能与分级标准

智慧教学环境是集智能化感知、智能化控制、智能化管理、智能化互动反馈、智能化数据分析和智能化视窗等功能于一体，支持教学、科研活动的现实空间与虚拟空间融合的环境。

1. 智慧教学环境的功能分析

（1）能够实现智能的信息采集和情境识别。存在于教学环境中的所有物质因素，包括硬件设施、软件设施及活动情境等，智慧教学环境都可以通过感知和记录以实现信息的采集和识别。

（2）既可控制和管理教学设备，又能对控制的过程及效果进行实时的监控。

（3）既可管理教学环境中所有的教学设施及教学活动，又能实现环境中各类信息的生成、采集和推送。

（4）借助互联网，智慧教学环境不仅可以实现师生在教学活动中的全方位交流，还能满足教育者和学习者对教学资源的需求。在教育活动中，教师可以通过网络进行在线答疑、课程互动，还可以通过专门的课程讨论区与学生进行交流，以完成信息的及时反馈。

（5）智慧教学环境实现了跨越建构的可能。教师通过互联网可将教学活动以虚拟的形式扩展到远程的环境空间。

（6）智慧教学环境可基于环境条件的检测以实现对环境的智能调节和控制，包括室内自然光、照明、空气质量、温度和湿度等。

（7）智慧教学环境为进行案例教学、实验教学及科研活动提供了条件。智慧教学环境中的虚拟现实或增强现实系统可强化学生的多种器官感知，如视觉、听觉及触觉等。

（8）智慧教学环境中高效的信息和数据分析技术提高了决策的科学性和有效性。

2. 智慧教学环境的分级标准

根据智慧教学环境提供的功能，将智慧教学环境分为三级：

①基础型（一级）教学环境：适用于各级各类院校的常规教学活动；

②拓展型（二级）教学环境：适用于各级各类院校的常规教学、案例教学及远程教学活动；

③高级型（三级）教学环境：适用于各级各类院校的常规教学、远程教学、实践实训教学活动和课堂教学管理决策分析等。

智慧教学环境分级标准见表 2-1。

表 2-1　智慧教学环境的分级标准

功能	基础型（一级）	拓展型（二级）	高级型（三级）
智能感知	必选	必选	必选
智能控制	必选	必选	必选
智能管理	必选	必选	必选
互动反映	—	必选	必选
跨域拓展	—	必选	必选
环境条件监测与调节	可选	可选	可选
虚拟现实与增强现实	—	—	可选
分析决策	—	—	可选

（二）智慧教学环境应用平台层建设的内容

智慧教学环境应用平台层建设内容主要包含多媒体与智慧教室建设、创客实训教学环境建设、教学资源共享与网络教学服务、实习实训教学服务、产教融合服务和远程职业培训服务等内容。

1. 智慧教室

智慧教室是为教学活动提供智慧应用服务的空间及其软硬件装备的总和。学校可以新建智慧教室或者在现有基础上将多媒体教室升级成智慧教室。相对于传统的多媒体教室，智慧教室通过互联网感知系统实现了物与物、物与人的泛在连接，实现了对各类对象的智慧化识别、跟踪、监控和管理，实现了教学活动开展的智慧化。学校智慧教室的建设可在以下方面逐步形成智慧化建设特色：

（1）基础设施系统包括物理空间、桌椅装置、供配电、通风空调、灯光照明等子系统。

（2）网络感知系统包括网络接入、射频识别、人体识别等子系统。

（3）可视管理系统包括中控、能耗、监控等子系统。

（4）增强现实系统包括交互演示、视频会议、穿戴设备等子系统。

（5）实时记录系统包括课程录播、电子学档、课堂应答等子系统。

（6）泛在技术系统包括云端服务和移动终端等子系统。

学校在智慧教室实际工程建设项目中，可根据自身需求和经费情况有所取舍，但要着重做好智慧教室的可继承性、可持续性建设规划。

2.教学资源共享与网络教学服务

教学资源共享与网络教学服务旨在实现校内及校与校之间数字教学资源的充分共享和有效应用，一般包含数字教学资源中心、网络课程管理与共享服务、校际资源与课程共享服务、基于共享资源的网络教学服务，以及针对数字资源、网络课程及网络教学的评价服务等。

在具体实现上，教学资源共享与网络教学服务应融入高校日常教学及专业建设的各类教学服务类信息系统之中，并且能够通过校内云服务模式或数据融合模式实现教学资源、网络课程在不同教学服务类信息系统中的共享，避免出现教学资源和网络课程资源的"孤岛"化建设。

通过教学大数据分析等方法可以提前预知学习者潜在的学习需求，学习者通过资源订阅和智能推送的方式可第一时间获取最新的学习资源，实现教与学的立体沟通与交流，提供个性化学习支撑条件，形成智慧化的在线教学环境。

根据中华人民共和国教育部高等院校教学发展的相关政策要求，教学资源共享与网络教学服务应在以下领域逐步深入应用：学校的公共基础课教学建设与发展、德育及素质教育建设与发展、专业建设资源管理与共享服务、在线开放课程建设与教学服务、专业建设指导委员会信息化服务、名师及大师工作室网络教学空间、现代学徒制网络化服务体系建设、校企合作实训基地服务体系建设、顶岗实习远程教学服务体系建设、校企合作订单班网络教学服务、技能高考网络教学与资源服务、技能大赛资源共享与教学服务、双创教育资源共享与教学服务、面向师生的网络学习空间人人通建设等。

以上各类教学服务类信息系统，可以由学校建设统一平台供各专业、教学单位或业务部门使用，也可以由各重点专业根据自己的专业特点，独立进行建设。建设的教学服务信息系统，应实现与学校大数据中心应用系统的集成。

3. 实习实训教学信息化

学校及各重点建设专业，能够有效利用互联网和移动通信网实现学生实习实训教学服务，为参加实习实训的学生提供在线学习、考核、交流平台；利用三网联动技术实现实习实训教学活动过程监控、信息管理以及在线远程观摩示范等，包括实习实训考勤管理、人员管理、项目管理、设备管理、教学管理和评价评估等。

仿真实训系统环境是利用计算机虚拟现实技术、仪器设备、模型，以及场地、环境的布置，通过仿真实验软件、实训软件和实习软件等教学资源模拟出真实的工作环境、工作程序和动作要求，支持模拟生产、教学实训和考核鉴定等教学活动。学校在重点专业及专业群的建设中，可根据自身需求进行不同类型的仿真实训系统环境的建设。

4. 远程职业培训服务

学校应建立远程职业培训服务体系，为非院校学员职业技能的持续提升提供在线学习服务，支持院校开展社区终身学习、高新技术培训、公益性培训、专业提升拓展型培训、岗位资格认证型培训、培训与学历（位）结合型培训等活动，通过数据挖掘与分析可实时掌控培训开展情况和培训结果，为每一位学习者建立对应的学习档案，为职业培训服务工作提供智慧化的决策支持服务，最终使院校有效履行其社会服务职能。

学校在建立远程职业培训服务体系时，可以建立校一级的远程职业培训系统，也可以在具有相关应用服务的教学资源共享与网络教学服务系统中实现。

二、智慧校园教学资源

（一）智慧校园教学资源的分类

第一，按照内容形式可以分为：教学素材、教学课件、网络课程、虚拟仿真系统、教育游戏、教学案例、数字图书、数字教材、教学工具和学习网站，共计十大类。

第二，按照来源可以分为：校本资源、引进资源、开放资源、国家公共教育资源。

第三，按照媒体类型可以分为：文字、图片、视频、音额、动画（2D、3D）、应用、综合。

第四，按照生产方式可以分为：预设型学习资源、生成型学习资源。

（二）智慧校园教学资源的来源

第一，开放资源：基于非商业用途，执行开放资源版权要求，借助网络信息技术自由使用和修改的数字资源。

第二，引进资源：学校以购买、接受捐赠等形式从校外引入的教学资源。

第三，校本资源：学校自主开发的具有自主版权的资源，包括学校自主建设或与企业等单位合作研发的教学资源。

（三）智慧校园教学资源的建设

第一，开放资源的应用原则：一是提倡对开放资源进行有目的的再加工，使之完全符合教学需求；二是版权清晰、来源明确。

第二，引进资源的实施原则：一是确认是否存在开放性资源；二是联合相关院校，实施联合引进，以降低引进成本；三是将引进资源计划纳入院校资源建设整体规划，防止盲目引进；四是从实际需求出发，有效利用资金，优先引进解决教学中进不去、看不见、动不了以及高危险、高耗能、高污染的实践性教学资源。

第三，校本资源的建设原则：一是确认是否存在开放资源、引进资源。二是确认校本资源具有一定的应用群体、应用寿命；三是确认具有日常维护以及可持续开发的资金支持；四是确认可以组织科学、高效的开发团队；五是进行有效的教学设计并采用主流技术；六是制定资源建设、应用标准及推广方案。

（四）智慧校园的通用性基础资源

1. 通用性基础资源的分类

通用性基础资源是以数字信号形式在互联网上进行传输的教育信息。通用性基础资源有九类：媒体素材、试题、试卷、课件、案例、文献资料、网络课程、常见问题解答和资源目录索引。

（1）媒体素材：传播教学信息的基本材料单元，可分为文本类素材、图形/图像类素材、音频类素材、视频类素材和动画类素材等五种。

（2）试题：测试中使用的问题、选项、正确答案、得分点和输出结果等的集合。

（3）试卷：用于进行多种类型测试的典型成套试题。

（4）课件：对一个或几个知识点实施相对完整教学的用于教育、教学的软件，根据运行平台划分，可分为网络版的课件和单机运行的课件，网络版的课件可在标准浏览器中运行，并且能够通过网络教学环境被大家共享；单机运行的课件可通过网络下载后在本地运行。

（5）案例：指由各种媒体元素组合表现的具有现实指导意义和教学意义的代表性事件或现象。

（6）文献资料：指有关教育方面的政策、法规、条例、规章制度，以及对重大事件的记录、重要文章、书籍等。

（7）网络课程：通过网络表现的教学内容及实施的教学活动的总和，它由两个组成部分，分别为按一定的教学目标、教学策略组织起来的教学内容和网络教学支撑环境。

（8）常见问题解答：针对某一具体领域经常出现的问题给出全面的解答。

（9）资源目录索引：列出某一领域中相关的网络资源地址链接和非网络资源的索引。

2. 通用基础资源制作与应用

通用基础资源制作包括资源实时生成和资源加工制作两个方面。

（1）资源实时生成：可以实时生成资源及其即时分类编目；实时生成的资源具备同步上传存入资源数据库的条件。

（2）资源加工制作：根据教学设计需求，建立完备的编辑、加工的工具库、素材库；对加工制作的资源设置即时分类编目；为加工制作的资源提供同步上传存入资源数据库的条件。

通用基础资源应用包括资源访问和在线学习两个方面。资源访问的具体要求包括：一是根据权限支持用户通过不同操作系统平台以及主流浏览器进行访问管理，用户无须安装插件即可通过浏览器访问平台的资源；二是具有移动端 App 功能；三是开放权限，为用户提供统一的检索目录，以促进资源交易交换，提高资源流通效率；四是根据权限，支持用户对需求资源的实时浏览、下载并支持视频无插件播放。在线学习的具体要求包括：一是在线课程，支持慕课（MOOC）大规模在线课程和小规模限制性在线课程（SPOC）应用模式等；二是现场直播，实时生成资源支持网络或微信现场同步直播；三是互动反馈，支持在线讨论、辅导、答疑和相互评价。

（五）智慧校园的仿真实训资源

从广义的角度来说，仿真实训资源是指一切有利于职业教育教学实践环节的数字化资源。具体到高等院校中，更多是指能满足高等院校教学要求的专业类资源。依据不同的教学实践，可以将仿真实训资源分为仿真实验软件、仿真实训软件及仿真实习软件三大类。通过构建智慧校园的仿真实训资源，可以实现教育资源在更大范围内的交流和共享。

第一，仿真实验软件。仿真实验软件在教学中的应用不仅可以提高实验环节的教学效果，同时借助多媒体的技术优势，仿真实验软件的应用增强了实验环节的直观性，将原本静态、平面、抽象的实验对象转变为动态、立体、具有真实感的三维实物，以激发学生对实验的兴趣，进而在主动的观察和探索中提高自身分析问题与解决问题的能力。

第二，仿真实训软件。仿真实训软件在教学中的应用主要是为了提升学生的操作能力和技能水平，因此常被应用于职业技能的训练过程中。仿真实训软件中的可视化控制与三维建模为学生认知实训环境（实训场所、设备及工具等）提供了技术支持。除此之外，仿真实训软件还可基于专业的核心技能设计有针对性的实训项目，按照技能点以任务或模块的形式层层展开，进而达到培养学生核心技能的目的。

第三，仿真实习软件。仿真实习软件与高校教学活动的结合可有效地解决学生下厂实习难的问题。借助仿真实习软件，学生可提前了解真实的生产环境，包括企业生产流程、设备及工具等，进而为进入工作岗位奠定基础。

三、智慧校园管理分析

（一）智慧校园管理的分级标准

智慧校园管理可以按照学校所建设的业务内容进行分类，大体分为基础型（一级）、拓展型（二级）和高级型（三级）三类。具体分类标准见表2-2。

表 2-2 智慧校园管理的分类标准

业务内容	基础型（一级）	拓展型（二级）	高级型（三级）
办公自动化服务	必选	必选	必选
人力资源管理服务	可选	可选	必选
财务管理服务	可选	必选	必选
设备资产管理服务	可选	可选	必选
学校后勤服务	必选	必选	必选
档案管理服务	必选	必选	必选
教学管理服务	可选	必选	必选
教科研管理服务	必选	必选	必选
学生管理服务	必选	必选	必选

（二）智慧校园管理应用平台层的服务

智慧校园管理应用平台层是智慧校园管理与服务的内容体现，在支撑平台层的基础上，构建智慧教学资源管理与服务等应用，为在线用户提供支撑服务。对于不同类型的学校，智慧校园管理有着不同的应用与侧重点。对于高等院校而言，应用平台层各类系统主要提供以下方面的服务。

1. 决策支持应用服务

学校的决策支持服务体系应基于智慧校园的支撑平台层（大数据中心）进行建设。决策支持服务体系的建设目标是面向院校决策层、各业务部门、教学单位甚至教师，通过校园数据沉淀和大数据服务，及时动态地提供办学理念、办学条件、管理状态、师资队伍、教学质量、科研水平、后勤保障和学生风貌等各方面的现状数据，并能够进行在线数据分析和图形呈现，为学校的发展决策、管理与教学工作提供有力的动态数据支撑。同时，也可以为学生、教职员工以及校外人员提供快捷的网络信息综合服务。

高校决策支持服务体系的建设，应有效落实中华人民共和国教育部在院校管理水平提升、院校教学工作诊断与改进等两方面的建设工作要求。决策支持信息综合服务的核心功能包括以下四部分：

①设置数据分析模型，它包括模型定义、统计数据项设置、模型引用数据项设置和分析、模型数据采样范围设置。

②设置评估指标体系，它包括设置评估等级、评估观测点与评价标准。

③管理状态数据，它包括数据分析模型中的数据，以及采集、审核和维护办学理念、办学条件、师资队伍、教学质量、科研水平、后勤保障、学生风貌等状态数据，状态数据从大数据中心获取。

④分析与呈现信息，对学校的状态数据进行分析和组织，采用文本、图形、音频、视频和动图等多种媒体方式进行信息呈现。

学校决策支持服务中心可以与智慧校园运维管理平台、各类校园数字通信服务（含数字广播服务、网络电视服务、数字宣传服务、数字会议系统）、数字安防系统的中央控制环境一起进行融合性规划与建设。

2. 教学管理服务

教学管理服务通过信息和过程管理对教学管理工作中的主要教学活动进行信息化支持，实现教学管理的规范化和科学化。教学管理系统包括教师指南、学生指南、教务管理等模块。

鉴于学校教务管理体制的差异，教学管理服务分为学年制、学分制和学年学分制三种类型。教学管理服务的功能设计具体如下：

（1）支持教学管理过程的主要环节，包括教学计划、教学任务、排课选课、考试、成绩、毕业审查和教学评价等。

（2）支持校级及其下级单位之间的多级管理模式。

（3）教学管理服务的类型应与教学管理模式相匹配。

（4）应具备教务公告、专业信息、培养方案，课程信息、教学过程、教室资源、表格下载与数据统计等功能模块。

3. 学生管理服务

学生管理服务涵盖学生在校的全过程，包括招生、入学、离校及就业等。这一功能的实现主要是通过采集学生各方面的状态数据和分析模型为学生建立个性化的档案，进而为学校开展学生管理工作奠定基础。具体的功能设计包括以下方面：

（1）招生阶段，学生管理服务功能的设计应涵盖招生计划、报名、入学考试及录取等各个环节。

（2）入学阶段，学生管理服务的内容应涉及新生信息、新生分班、新生注册等各个环节。

（3）在校阶段，学生管理服务的内容不仅应包括学生在校期间的各类信息，如评奖评优、违纪处分、保险理赔、综合素质测评及心理健康咨询等，同时还应涵盖学生在校外实习期间的各种表现。

（4）就业阶段，学生管理服务的内容不仅应包括毕业信息的管理及毕业流程的管理等，同时还应涉及学生的就业情况及毕业去向的管理，充分发挥信息桥梁的作用。

（5）当学生离校后，学生管理系统还应提供在线办理及校友管理等服务。

4. 教科研管理服务

教科研管理服务主要包括两方面的内容，一方面是为从事教科研的教师和学生提供教科研资源调度和信息服务支持，另一方面是为学校教科研管理部门提供决策支持。具体来说，教科研管理服务就是使用整个学校教科研的相关资源来管理学校日常科研活动的各个环节。其功能设计包括以下方面：

（1）对校内教科研机构（包括实体机构与非实体机构）及校外联合研究机构的筹划、申请、申报、审核等进行管理。

（2）对校内教科研人员及校外教科研专家的信息进行管理。

（3）对教科研项目从项目申报、项目立项、项目中期检查到项目结项的全流程进行管理。

（4）对教科研项目的经费预算、经费到账、报销支出、经费决算进行管理。

（5）对刊物论文、会议论文、著作成果、专利成果、鉴定成果、获奖成果等教科研成果进行管理。

（6）对各类教科研活动进行管理。

（7）对教科研人员的工作建立量化指标并进行考核。

5.人力资源管理服务

人力资源管理服务应以教职工为核心，整合学校各部门的人力资源信息，为人力资源管理部门和教职工提供信息化管理和服务。通过数据挖掘和分析，形成学校教职员工电子档案，为人力资源管理部门提供各类直观的学校人力资源情况统计报表。人力资源管理服务的功能设计具体如下：

（1）实现招聘管理，支持制订招聘计划、报名、应聘考核与审批的管理。

（2）实现入职基本流程的管理。

（3）对校内教职工、校外兼职人员、临时人员等基本信息进行管理，对校内教职工的年度考核情况、进修培训信息、获奖信息、职业资格证书、劳资信息、职称与专业能力资料等进行管理。

（4）实现离职基本流程的管理。

（5）实现面向学校教职员工的在线校本培训，包括培训课程的建设、在线自主学习、在线培训、考核与评价等。

（6）对党组织信息、党员信息、党费信息、党校培训信息等进行管理。

6. 办公自动化服务

办公自动化服务以表单或文档流转方式进行相关工作流程的执行，完成业务知识的积累和储存，为非固化业务工作的开展、非结构化信息的共享提供支撑，为面向高等院校日常管理中办公室的业务提供信息化的支持。通过办公流程引擎运行可将学校日常办公业务固化为在线办公模式，工作过程和结果一目了然，可追溯性强，提高了日常办公的时效性。办公自动化服务的功能设计具体如下：

（1）支持对公文流转过程中的收文、发文、督办、请示报告等进行管理。

（2）支持对会议安排信息、会议室信息等进行管理。

（3）支持对车辆申请、审批、计划、调度、派车过程的管理。

（4）支持对单位的用印申请、审批、登记等的规范化管理。

（5）支持对来访人员的接待信息进行管理。

（6）根据学校自身情况，支持对新闻动态内容分类，并对不同类别的新闻指定相应的人员进行管理。

（7）提供统一的通信平台，实现通讯录、电子邮件、短信、即时通信工具的集成管理。

7. 财务管理服务

财务管理服务将学校财务管理、监督、控制、服务融为一体，为学校领导、各级财务人员、教师、学生提供信息化财务环境。财务管理服务的功能设计具体如下：

（1）支持对学校内部日常凭证、账簿的管理。

（2）对经费自给率、资产负债率、人员支出占事业支出的比率、公用支出占事业支出的比率等账务信息进行分析。

（3）对学校各部门的报销、资产、负债、工资、项目经费等总账在会计期间内进行分类核算。

（4）对学生的收发费用进行管理。

（5）对学校教职工的工资计算、代发等进行管理。

（6）对学校的报销信息、报销的审核流程进行管理。

8. 设备资产管理服务

设备资产管理服务支持管理学校各类设备和资产，使设备和资产更好地服务于学校的教学、科研、管理、服务、校园文化生活。通过互联网感知系统和大数据分析手段可直观呈现学校设备资产运维管理状态，进而实现学校设备资产管理智慧化。设备资产管理服务的功能设计具体如下：

（1）对学校多媒体教室、实验室、数字化技能教室、虚拟仿真实训室、大场景虚拟仿真实训室、互动体验室、会议室、运动场馆等的仪器设备和使用人员等进行信息化管理。

（2）对学校设备购置审批、设备购置合同以及大型设备和低值易耗品进行信息化管理。

（3）对学校教学用房、科研用房、办公用房、生活用房等进行信息化管理。

（4）对学校的各类用地进行信息化管理。

（5）对学校的专利、著作权、商标权、非专利技术、信誉、土地使用权等无形资产进行信息化管理。

9. 学校后勤服务

学校后勤服务针对学校后勤相关工作的管理和服务提供信息化支持，以保障学校的教学、科研、管理等工作的顺利进行。可通过互联网感知设备实时采集各项后勤管理对象的运维数据，并进行数据挖掘与分析，提供各类预警和统计功能，使学校后勤管理工作便捷化、智慧化。学校后勤服务的功能设计具体如下：

第一，提供物业信息的管理、查询与统计服务。

第二，提供修缮信息的管理、查询与统计服务。

第三，提供饮食信息的管理、查询与统计服务。

四、智慧校园服务支撑

常见的智慧校园服务支撑可以包括校园一卡通、智慧图书馆、家校互通、毕业生与校友、数字化场馆、数字通信、教学安防、虚拟校园、校园安全教育等九个方面的服务。

（一）校园一卡通服务

校园一卡通服务将校内用户身份识别、校内小额金融结算、校务管理、金融服务集成为一体，为学校潜在的信息化应用建立关联或集成提供接口，实现"一卡在手，走遍校园，一卡通用，一卡多用"。校园一卡通应用平台层主要是由系统平台和应用子系统两大部分组成；其中，系统平台主要包括数据中心，前置系统，卡务管理和第三方业务接口四个部分，与延伸在校内各个区域的人工服务网点和自助服务设施相对接。校园一卡通应用子系统主要为校内小额结算交易和具备身份认证需求的系统提供支持，其应用涉及学校的教学、管理、学习、科研、生活的各个方面，其主要包括：注册管理、缴费管理、迎新离校、门禁管理、水电管理、餐饮服务、乘车、自助查询、图书、医疗、上机、考勤、洗衣、运动健身管理、支持银行转账、代扣代缴、财务报销认证、手机充值、校园电子商务等功有，还具备持卡人分级权限管理、持卡人信息黑名单管理、财务管理、各类分析报表等功能。

（二）智慧图书馆服务

智慧图书馆是一种以数字化、网络化、智能化的信息科学为基本的手段，具有更加高效和便利特点的图书馆运行模式，它最本真的追求是用绿色的方式和数字化的手段来实现阅读。图书馆的智慧服务通常是指在合适的时间、合适的地点以合适的方式向读者提供其所需的资源或服务，是图书馆、智能化设备、云计算和互联网的有机结合体，整个过程是以一种自动、人性化、交互式和个性化的方式提供，读者只需提出服务请求或输入查询指令，系统就能通过历史信息、聚类信息或其他数据分析感知读者的需求并提供相应服务，通过互联网技术来实现智慧化的服务和管理。

智慧图书馆有六个模块，分别为智慧图书馆、智能门禁系统、智能监控系统、智能控制系统、智能自助设备和智能图书馆管理软件。这六个模块各司其职，共同展示智慧图书馆的功能，方便读者使用的同时，也有利于馆方的管理，创建书香校园，为广大读者提供多种交流机会，全面提升图书馆的服务能力、层次和水平，促进传播先进文化、科技信息、丰富学生文化生活的社会功能。智慧图书馆的建设以射频识别技术为核心，其中智能馆藏系统的应用软件主要包括射频识别图书标签、借阅信息提示系统、智能安全检测系统、便携式馆藏点检系统、标签转换系统、馆员工作站、自助还书系统、电子阅览室认证系统等。

智慧图书馆服务应具备四个基本特性：

第一，资源的丰富性。借助互联网、云计算等先进信息技术，各种纸质资源、数字资源及网络资源等都被收纳于智慧图书馆中。

第二，公共性。智慧图书馆的受众打破了空间和地域的限制，智慧图书馆服务是一种面向社会、面向全人类的具有普惠性质的公共化服务。

第三，智慧图书馆实现了集群性的管理。这种集群性不仅体现在知识和资源方面，更体现在获取的手段和传递的方式上。

第四，智慧图书馆的建设实现了行业、地区、国家甚至是全球的服务协同。

总之，智慧图书馆的建设可以有效地避免传统图书馆在布局上的分散及重复建设等问题，以一种更加集约和统一的方式实现信息资源的高度整合。

智慧图书馆系统的组成及功能见表2-3。

表 2-3　智慧图书馆系统的组成

序号	组成部分	功能描述
1	射频识别图书标签	每一本书的信息可以存储在高品质及大容量的芯片数据存储空间中，这些数据可以不经过任何直接接触，射频识别图书标签稳定，可以使用10年以上；温度、光线不会对其使用产生影响，即使脏污、表面磨损也不会对使用造成影响。标签可写入的信息包括图书身份（ID号码）、图书信息（书名、书号等）、所属图书馆身份、所属书架信息、借阅者信息、借阅日期及更多其他内容
2	借阅信息提示系统	使用一卡通认证可快速查询图书借阅时间信息，设备可独立工作，可在校园各处部署
3	智能安全检测系统	使用一卡通进行人员出入的安全认证，同时检测是否有遗漏处理的图书带出；具有声音、灯光提示报警功能
4	便携式馆藏点检系统	支持图书快速查找、顺架功能；支持盘点业务的快速数据采集；具备数据备份和恢复功能，可离线工作
5	标签转换系统	条码信息扫描与射频识别标签信息写入同时自动完成；无线移动方式的设计使标签转换作业能在各书架前完成；支持可选的标签数据加密
6	馆员工作站	在线设备的实时监控管理，为读者提供更多更好的增值服务，辅助业务处理，提供条码处理兼容功能
7	自助还书系统	读者可自主还书，可在校园各处特别是在教学楼处部署，还书便捷；提供7×24小时还书服务，人性化的操作提示，可打印还书凭条
8	电子阅览室认证系统	使用一卡通认证，可实现快速认证登记，做到电子化管理

（三）家校互通服务

家校互通服务，为家长提供在线了解学生在校轨迹的记录，实现家校互联和互动数据记录的保存、挖掘和应用等服务。家校互通服务的功能设计具体如下：

第一，提供统一的通信平台，实现通讯录、短信、即时通信工具的集成。

第二，提供向家长推送学校通知公告、学生出入学校、日常学习情况、日常生活情况等信息的功能。

第三，通过智能手机平台、短信平台，实现家长与教师间互动交流的功能。

第四，运用家长与学校沟通平台，接受入学、选择专业咨询，提供家庭教育咨询服务，为家长提供指导和建议。

第五，向家长提供查询学生在校情况的功能，如课表、成绩、奖惩、考勤、消费等。

（四）毕业生与校友服务

毕业生与校友服务是面向应届毕业生与往届毕业生，提供就业信息服务和就业与岗前培训服务。基于毕业生与校友服务平台，在为校友提供交流与协作发展的公共信息服务的同时，对毕业生及校友的就业信息进行采集与管理，实现面向毕业生的就业信息跟踪与分析应用，促进学校教学能力与水平的提升。学校的学生管理系统应与毕业生与校友服务平台进行对接，以形成毕业生完整的数字化档案。

（五）数字化场馆服务

数字化场馆的建设，可以作为学校智慧校园及重点专业特色化的建设内容与项目。数字化场馆的建设，可以采用学校自建的模式，也可以采用社会（行业企业）构建，学校引入应用的模式。数字化场馆服务包括四方面内容，即数字博物馆、数字艺术馆、数字科技馆及职业体验馆。

第一，数字博物馆就是利用互联网中的多媒体技术和虚拟现实技术将实体博物馆数字化；

第二，数字艺术馆是借助现代信息技术创造和再现艺术作品，并将作品创作和再现的过程向观众进行展示和介绍；

第三，数字科技馆本质上就是一个针对科技知识和技术的虚拟科技馆，借助网络和虚拟现实技术将现代科技以一种数字化的形成呈现出来；

第四，职业体验馆作为一种在线体验馆，可以为学生提供亲身体验和感悟各种职业全过程的服务。

（六）数字通信服务

学校应基于智慧校园的数字化基础设施与支撑平台，进行数字化通信服务体系的建设。另外，学校在进行数字化通信服务体系建设的过程中，扩展建设和形成的计算资源、网络通信、感知系统、互联网技术设施资源等，都应纳入学校智慧校园基础设施资源中，进行统筹管理与应用。提供的数字化通信包括以下四项服务：

第一，数字广播服务。数字广播系统具有数字化的单向、双向及多向音频扩声系统，数字广播系统除了用于正常的节目广播之外，还要具有分区广播、消防报警、紧急呼叫报警和其他紧急广播的功能。

第二，网络电视服务。以机顶盒、电视或电脑为终端设备，在校园通信系统基础上集成流媒体和数据通信技术，形成校园电视台综合平台，提供包括数字电视直播等交互式服务。

第三，数字宣传服务。由数字宣传平台主机和分布在学校不同地点或区域的终端组成；通过数字宣传平台的主机，可以管理学校的数字化宣传资源库，并可以有序管理和控制各类宣传资源在不同区域、不同类型终端上的播放；数字宣传系统所能播放的宣传资料主要包括常见的多媒体文件类型，播放终端类型包括视频终端、音频终端、声光电效果与场景等。

第四，数字会议服务。会务自动化管理系统集计算机、通信、自动控制、多媒体、图像、音响等技术于一体，将会议报到、发言、表决、翻译、摄像、音响、显示、网络接入等各自独立的子系统有机地连接成一体，由中央控制计算机根据会议议程协调各子系统的工作。

（七）数字安防服务

数字安防技术系统是以校园网为传输平台，其建设基于 IP 协议，实现对校园视频监控、入侵报警、出入控制、电子巡更、电子监考、消防报警、紧急呼叫（求助）报警、紧急广播系统的统一管理和控制，形成全方位、立体式的校园安全防范系统。

（八）虚拟校园服务

基于地理信息系统、虚拟现实、宽带网络、多媒体、计算机图形学等高新技术，以真实校园整体（校园布局设计、交通、景观、教学及生活环境、建筑物内外、人文）为蓝本，将校园地理空间信息和其属性信息相结合，构建形成三维可视化的逼真校园环境和景观，为校园展示和导航提供支持。

（九）校园安全教育服务

为全体教职员工和在校学生提供在线安全知识学习、点播相关安全节目和在线接受安全培训等服务，具体包括以下建设内容：

第一，校园安全教育。为师生员工提供在线学习、点播和安全培训等功能。

第二，校园监控。建立校园重要区域、重点部位全覆盖的音频或视频监控系统及可视化报警系统，具备实时的人员预警管控、车辆预警管控、应急指挥及应急方案等功能。

五、智慧校园信息安全

信息安全体系是涵盖智慧校园总体框架多个层面的安全保障系统。智慧校园信息安全体系包含智慧校园安全管理体系、智慧校园安全技术防护体系和智慧校园安全运维体系，其中安全技术防护体系又包括物理安全、网络安全、主机安全、应用安全和数据安全等多个层面。

（一）信息安全技术防护体系组成

第一，物理安全：指从校园网络的物理连接层面进行物理的隔离和保护，包含环境安全和设备安全两部分。

第二，网络安全：按照信息等级保护的原则，进行逻辑安全区域的划分和防护，包含结构安全、访问控制、安全审计、边界完整性检查、入侵防范、恶意代码防护以及网络设备要求等部分。

第三，主机安全：信息系统的计算机服务器等须部署在安全的物理环境和网络环境中。

第四，应用安全：对智慧校园的各应用系统如科研系统、门户网站、招生系统、校园一卡通系统、教务系统、财务系统等进行技术防护，使之免受攻击。

第五，数据安全：数据安全包括多个层次，如制度安全、技术安全、运算安全、存储安全、传输安全、产品和服务安全等。数据安全防护系统保障数据的保密性、完整性和可用性；按照信息系统安全保护等级，可对数据安全从三方面进行防护——对敏感数据进行加密、保障数据传输安全和建立安全分级身份认证。

（二）信息安全防护架构与防护要求

第一，结构安全保障：对信息网络进行分域分级，按用户业务划分安全域，并根据安全域支撑的业务，通过有效的路由控制、带宽控制，保障关键业务对网络资源的需求。

第二，网络行为审计：提供可视化管理，对信息网络关键节点上的业务访问进行深度识别与全面审计，提供基于用户、访问行为、系统资源等的监控措施，提升信息网络的透明度。

第三，边界完整性保护：系统具备与第三方终端系统整合功能，对非法接入的终端进行识别与阻断。

第四，攻击和入侵防范：提供基于应用的入侵防范，在实现对攻击行为深度检测的同时，通过应用识别来锁定真实的应用，并以此为基础进行深度的攻击分析，准确、快捷地定位攻击类型。

第五，恶意代码防护：提供基于流的病毒过滤技术，具有病毒检测性能，在边界为用户提供恶意代码过滤的同时，有效保障业务的工作连续性。

第六，远程数据安全传输：采用虚拟专用网络技术对远程访问的数据包实施机密性和完整性保护，防止数据在传输过程中被窃取和篡改。

第七，网络安全防护：包括内网防护功能、外网防护功能、VPN访问控制。

第八，应用访问控制：部署的防火墙设备还根据具体的应用类型来配置访问控制策略，针对用户多业务的特点，区分不同的业务类型，确定外网终端可进行的具体应用，杜绝非法访问，保障业务访问的合规性。

第九，数据安全防护：数据中心出口针对具体应用，部署入侵防御系统，对访问数据包的内容进行深度检测，提升对攻击检测的准确性。

第十，移动访问安全防护：具备移动身份认证、移动数据安全传输、移动应用控制等功能。

第三节　智慧校园中的智能教学

当前，"智慧教育""智慧校园"和"智能教室"是教育信息化的热点。这三个概念中都存在"智慧"二字，并且是一步步细化的，"智慧教育"是最宽泛的概念，"智慧校园"是"智慧教育"的基础，而校园的主要阵地是教室，因此"智慧教室"是"智慧校园"的集中体现。下面主要探讨智慧校园中的"智能教学"。

一、智能教学的基础

"以海量数据作为支撑"是智慧校园的突出特征之一，这些数据也是重要的教学资源。而且，全面和海量是智慧校园中数据的重要特点，这里的全面主要是指学生信息的全面性，智慧校园以移动互联网技术和互联网技术作为基础，对包括学生身体情况、个人成长情况、学习行为等在内的各种数据和信息进行收集。智能教学活动开展的基础是全面且海量的数据资源，这些数据的作用主要体现在：

第一，教师以这些数据作为重要依据，可以全面、认真、细心地分析每个学生的学习情况，将具有一定针对性的学习资源和指导提供给学生；

第二，教学活动要与这些数据相结合，对教学策略、教学资源进行选择，对教学计划进行精心设计，而且教师还能通过这些数据，深入分析学生的特点和教学起点，推动个别教学活动的开展。

数据的作用和价值虽然非常重要，但是数据并不是短时间内就能形成的，而是经过长时间的积累才能让数据具备海量和全面的特征。换句话说，自适应性是智慧校园中大数据分析和搜集技术必须具备的基本属性，这样才能对数据进行实时分析和调整，如果当前尚未搜集到太多数据，则要开展搜集数据的工作，以教师以前开展教学活动时获得的教学经验和累积的少许数据作为数据基础和依托。

二、智能教学的过程

智慧校园通过互联网技术和移动互联技术，可以连接整个系统中的所有硬件设施和软件，促进校园网络的无缝连接，实时传递来自各种渠道的信息。所以当学生的学习活动是在网络互通的环境中开展时，学生的学习活动便不受空间和时间的限制，在任何时间、任何场所都可以进行。网络通信迅速、便捷、高效的特征，也进一步增强了学生与教师、学生与学生之间的交流与互动，有利于在线协作学习的有序开展。除此之外，无线网络的普及使用，让学生的学习从校内向校外延伸。学生可以与自身的兴趣爱好相结合，形成各种兴趣小组，小组成员之间共同学习、相互监督。

教师也可以充分发挥网络互通的作用，利用互联网对学生的学习行为、学习情况、作业完成情况等数据信息进行随时随地的了解，对学生的学习行为进行深入分析和研究，根据这些数据反馈出的信息，将具有针对性的学习资源推送给学生。除此之外，教师还可以利用网络监测学生的学习进度，完成备课工作。

三、智能教学的个性化

个性化教学是实现智能教学的重要基础和前提。个性化教学主要包括学生个性化的学和教师个性化的教两个方面。基于智慧校园的建设，教学活动要与学习分析技术相结合，认真、系统地分析搜集到的教学数据，主要对每个学生的学习情况和全班学生的整体学习情况进行分析。教师对分析结果进行解读，全面清晰地了解每个学生和整体的学习情况，从而将不同的教学资源有差异性地提供给不同学生，这样才能实现个性化的教。从总体来说，开放性是智慧校园的根本属性之一，能根据教师和学生的需求对空间环境、资源环境、实践环境进行延伸和拓展，教师可以在这个架构下充分发挥，开展个性化的教学活动，将具有个人特色的教学风格彰显出来。

学生个性化的学主要包括学生学习的独立自主性、自觉性和随时性。智慧校园作为一个开放性的学习环境，拥有全面感知的环境和无缝连通的网络。学生在这种环境中学习，能够打破时空的限制，充分发挥出自身的主动性、积极性和独立性。学生可以与自己的需求相结合，对学习资料进行合理选择，推动学习小组或兴趣小组的建立。不同学生的学习风格不一样，有的喜欢通过观看视频或图案的方式进行学习，有的喜欢通过阅读文本的方式进行学习；有的喜欢自己独立学习，有的喜欢小组合作学习。但是在智慧校园系统下，学生可以自主选择学习材料和学习形式，系统会感知学生发生的所有学习行为，获取与他们学习行为相关的学习数据，教师便能通过分析这些数据更好地完成备课、教学评价工作。

　　智慧校园更能彰显出学生的个性，并且随时随地搜集、记录和分析学生学习数据，教师在分析数据的基础上，能对学生的个性特征进行了解和把握，从而推动个性化教学活动的开展，帮助学生更好地解决学习过程中存在问题。所以，教师个性化的教得益于学生个性化的学，同时学生个性化的学又会对教师个性化的教起到积极推动作用。如此一来，便形成了教学相长的良好教育格局。

第四节　智慧校园中的混合式教学

一、智慧校园中混合式教学的基本特征、要求和技术支撑

（一）混合式教学的基本特征

　　混合式教学是把在线教学和传统教学的优势结合起来的一种教学模式，是目前开展教学研究的重要课题。从现代教育的相关理论来看，启发性学习和程序性学习共同构成学习过程。其中，只有在教师和学生双向互动、交流的作用下，才能完成启发性学习；学生凭借自身的记忆自主学习，便可以完成程序性学习。从这里可以看出，在课堂教学活动中融入信息技术，有利于把学生的自主学习能力和创新能力激发出来，促进以学生为中心、"互联网＋高等教育教学"的新型教学模式的形成，提升教育竞争力。

　　混合式教学包括任课教师安排给学生的自主在线学习（或多媒体学习）与课堂互动两个模块。在线学习模块的教学方式是指教师通过互动交流、通告邮件、讲课短视频、作业练习、测验考试等多样化的方式把学习资料提供

给学生，并与学生的个性化学习特征相结合，使学习打破时间和空间的限制，便于学生对学习时间进行自主安排，让不同学生的个性化学习需求得到满足。但是对于学生来说，片段化的学习方式不利于他们整合、应用和评价知识，无法形成系统的知识框架。课堂互动与即兴学习的特征紧密结合，有利于学生进一步整合个人经验和学习体验，利用课堂讨论和探索的方式，增强学生主动性思维，真正内化所学的知识。

教师开展课堂互动活动时，可以利用以项目或问题为基础的学习方式将教师与教学的难点或重点相结合，依据从浅到深的顺序，对教学问题进行精心设计；学生要在特定的情境中灵活运用线上课程学到的知识点，对问题进行妥善解决，再利用教学引导、小组讨论等方式进一步评价解决结果；学生还可以充分利用归纳推理方法，归纳和总结所学到的知识，对多个问题进行解决，从元认知的高度出发，不断内化知识。从最近发展的相关理论来看，教学活动要与学生的学习兴趣、学习能力相结合，精心设计课堂讨论问题，如此才能在讨论中将学生的积极性和主动性调动起来。教师还可以将劣构性问题加入到讨论中，学生要根据自己的判断深入分析题目既定条件的合理性，再查找相关资料，将相应的条件找出来，构建简化模型，从而有效解决问题。

教师可以将以项目为基础的学习方法应用到具有较强实践性的课程中，与学习目标相结合，对学生的程序设计、实验设计、数值模拟、课件制作等具体学习项目进行确定。在学生与学习项目相结合的基础上对计划书进行制定，教师和学生围绕计划书的可行性展开讨论，然后各个学习小组按照制定的计划书在实验课堂活动中完成相关实验，如果实验中出现一些问题，则教师要及时帮助解决。实验完成之后，小组要结合各自的实验结果填写研究报告，并在课堂上表述出来。这种以项目为基础的学习方法，不仅需要学生将自己学到的知识运用到实验中，还要探究和整合其他相关领域的知识，使他们对知识的运用能力和掌握能力不断提升。

但是，学生的课堂讨论时间十分有限，如果在课堂上只应用探究性学习模式，则会削减学习内容，影响教学质量。在课堂讨论环节与在线学习过程相结合的混合学习模式的作用下，教师可以积极利用非翻转学习模式，把课堂教学作为主要内容，把在线学习作为补充内容；或者采用翻转学习模式，主要内容是学生的在线学习，补充内容是课堂讨论环节，将两种学习模式结合起来，优势互补，从而提高学生的学习效果。实施翻转课堂教学模式时，教师可以在课堂上详细讲解教学重点和难点知识，之后再进行课堂讨论环节。

翻转课堂模式在教学活动中的应用，有以下益处：

①改变课堂职能，使教师深入了解和掌握课程内容，从而提高教学质量。

②让教师暂时摆脱了辅导、授课、批改作业等任务，将教师知识教学的部分劳动力释放出来，在教师与学生的个性化交互中付出更多的教学时间。

③能够补充思辨和身教。教师会在探究式的个性教学活动中投入更多的课堂时间，为学生提供实际操作演示、解答疑惑、实验指导、深入讨论，推动个性化教育的真正实现，从而对学生的实践动手能力、独立思考能力进行培养，让学生懂得如何运用知识解决问题。这个过程，对教师的教学和业务能力提出了更高要求。

（二）混合式教学的具体要求

信息技术与课程教学深度融合并非单纯的技术与课程的结合，而是一个以培养怎样的人才为目标的"系统工程"，至少需要从教学设计、教学实施和学业评价三个方面做整体规划和系统设计，需要探索技术与课程深度融合的方式方法，重点做好教学设计。教学从根本看是为了达成"帮助学生学习"的目标，所以做好混合式教学的教学设计就显得尤为重要。

教学设计指的是针对特定教学目标与教学对象，对教学资源与过程的计划与安排，也称为教学系统设计。教学设计是一门涉及理解与改进教学过程的学科，合理的设计是达到预期目的的最优途径。

1. 不同教学类别的定位要求

混合式模式的面向对象主要是在校学生，因而其课程教学的运作方式完全取决于任课教师的教学理念和对课程教学目标的定位。根据学生不同的认知活动，可将学生的学习分为知识学习（包括事实、概念和原理的学习），技能学习和情感认同三大类。以高校物理课程为例，物理学科的知识内容可以分解为物理知识、物理技能和情感认同三个方面。物理知识包括现象与事实、概念（名称、术语、物理量、重要常量）、原理（定律、定理、定则、公式）等；物理技能主要指实验、观察等技能，包括仪器的使用、安装、辨认实验对象、准确测量、数据处理等；情感认同主要体现在通过学习认同和习得社会价值观。对应于教学，其教学定位至少有三种可能的选择方式，具体如下：

（1）以知识传授为主的定位

知识传授型教学模式按课程自身的知识框架方式划分章节，并且每一章配套作业、测试题，以此不断对学生进行知识的强化，使其形成知识的内化。而对实践能力的培养，只能通过设置一些思考、讨论题目和课外附加实验来实现。传统的课堂教学模式都采用了这种教学方式。在线课程教学模式，则根据不同的教学平台而稍有差异。如今这种知识传授型模式广泛应用在教学平台中，任课教师与授课对象的知识结构、学习进度、学习目标、当下可以投入的学习时间等因素相结合，对教学视频、测试题目、教学大纲、练习、作业等数量进行确定；还将包括教学案例、历届学生作品集、电子书籍、常见问题集等在内的拓展性学生资源提供给学生。教师要充分发挥这些多样化、数字化教学资源的作用，推动深度融合课堂教学活动和信息技术的实现，而且教师掌握和理解知识的程度会随着教学资源的积累和更新而更加深入和透彻，课程教学的内容也会更加深入，学生有更多的学习内容可选择。

一般设置在网络平台上的测试题属于前测题，要求学生在课堂讨论之前完成。处理前测题的方式有两种：第一种是学生在观看学习视频时网页会将测试题弹出来，要求学生此时停止观看学习视频，对前面学习的内容进行思考和练习，检测是否理解了那些知识点，如果学生没有回答正确，则网页会要求学生回顾之前的知识点，一直到答出正确答案为止；也可以将网页设置成不管学生是否回答正确，都可以暂停页面稍作休息，再学习后面的知识点。第二种是把测试和作业设置在章、节学习结束之后，还可以使学生之间互相进行批阅评判。然后教师要根据学生的答题情况，对学生存在的共性问题进行讨论和详细讲解；随后，学生要将每个章节的测试练习做好，很多平台都会设置关于章节内容的三次测试，对学生的最高分进行保留。而且，平台一定要和教学内容中的重点和难点相结合，对前测题进行设置。

（2）以能力培养为主的定位

现代社会人才培养中有一个重要的"4C核心能力"，即批判性思维与问题解决能力、创新与自主学习能力、沟通能力与合作精神、跨文化理解与全球意识。

如果把混合式教学应用到高校物理教学活动中，那么教师要梳理清楚高校物理课程培养学生科学能力和素养的具体体现，也就是在物理课程知识和解决问题的能力之间建立起一定的关联。在具体的操作和实践过程中，要从培养能力的角度出发，进行传授知识的结构、途径和框架，让最终形成的教学模式始终坚持以问题作为导向。新的教学模式在教学活动中的应用，改变了交互方式，增强了实践环节，学生才能把更多的精力和时间投入到学习中，独立设计实验并解决好相关问题。在线学习中，学生必须具有很强的学习动机和自主学习能力，其信息技术素养和技能可以纳入创新与自主学习能力培养标准之中。教师在开展教学活动的过程中，要将知识传授和以能力培养为主的教学优势充分发挥出来，有机融合课堂教学、实践环节和在线教学等多种教学方式，按照循序渐进的原则、利用线上学习反馈的相关信息推动协作学习的开展，不断培养和提升学生的批判性思维能力、创新能力、自主学习能力和交流沟通能力，使学生在今后的工作中做到游刃有余。

（3）以素养提高为主的定位

教育要学生获得的不仅是书本里的知识，还有超越书本知识的个人素养。教育和教学不可分割，教师要在学科教学中培养学生的核心素养。每个学生要想与社会发展相适应，必须具备的品德和关键能力是自身的核心素养。我国教育部表示学校要对学生的核心素养进行培养和提升，具体来说，这些核心素养主要包括三方面的内容：在社会层面，要具备一定的实践创新能力和社会担当能力；在文化层面，要具备一定的科学精神和人文底蕴；在自主发展层面，要具备健康生活和自主学习的能力。从整体看，要让学生的个人发展和社会主义核心价值观之间相统一，以立德树人作为出发点，彰显出国家层面和社会层面对培养和发展学生核心素养的重视程度。

培养学生的核心素养需从课程建设和教学模式两个方面去落实。从课程建设角度来看，满足不同学生的差异化需求，让学生与自身已经拥有的认知能力、认知结构和知识水平相结合，对新的信息与知识进行接收和学习，在新知识和已有知识之间建立起一定的关联，对自己的知识结构、道德体系和能力体系进行构建，让自我建构方面的需求得到满足。在学习具体学科的过程中，教师可以把中国科学家在前沿科技上的新发明、新成就和科学前沿的最新发展动态融入到教学设计中，让学生的民族自豪感和社会服务意识不断增强。就教学模式来说，应用混合式教学模式开展教学活动时，教师为学生打造的学习环境要更加积极、轻松，让学生利用协作学习和自主学习的方式推动科学探究活动的有序开展，让学生刻苦钻研、积极探索、不屈不挠的职业素养和能力得以培养和提高。

结合不同类型的教学优势，实施层次化教学，满足学生差异化需求；实施整体化教学，实现知识的横向联系；实施主题化教学，实现知识的纵向联系；实施问题化教学，实现知识的横纵联系；实施情景化教学，实现由学习走向生活。将在线教学、课堂教学、线下实践三个环节的优势有机地整合在一起，结合线上学习的反馈信息，以循序渐进的方式开展小组讨论，实现对学生口头表达能力、批判性思维能力的培养，构建"在线学习＋课堂讨论＋线下实践"的"互联网＋"教学模式。

2. 不同教学活动的因素要求

教师在使用混合式教学模式时，首先要以时间节点作为重要依据把授课内容归纳成不同的学习单元，与线上教学活动和线下教学活动的不同特征相结合，从线上、实践和课堂三个环节着手对每个学习单元进行归纳和划分，不管在哪一个环节都要关注和重视教学活动必须具备的基本要素。

（1）开展在线教学活动必须具备的要素

首先开展在线教学活动时，学生要与自身的学习情况和学习能力相结合，找到适合自己的学习路径，并让在线学习时的个性化情况包含在其中。其次，与学习内容相关的小测试、单元作业、以视频为主的教学内容以及教学目标共同构成的线上教学资源也是必备要素，这些教学资源具有灵活多变的特征，有时还会将讲解重点内容、选讲习题和介绍预备知识等内容包含其中。最后，在线学习活动的开展必须合理应用教学视频，从而不断提升学习者的专注度，增强他们的学习动机，提高他们学习效果和学习成绩。

现有的在线开放课程中的交互形式归为三类：①人—人交互；②学习者—

内容交互；③学习者—界面交互。在线学习环节设计中，至少应包含学习者—内容交互的内容，具体包括设置进阶题目、问答题等以实现学习者与学习内容的交互。这样安排有利于不同层次的学习者通过线上学习获取课程知识，通过自主学习无法解决的问题或疑惑，可以提交到学习平台的互动空间，与同伴或老师交流讨论，获得必要的帮助。任课教师在教学设计时，可以先建立讲授内容的知识图谱。与此同时，还可以通过记录学生的学习轨迹生成形成性诊断，了解学生学习困难的症结所在。从教学效果上看，采取混合式教学后，相关学习内容的得分率可以提高很多。

（2）开展课堂讨论活动必须具备的因素

开展课堂讨论环节的目的是让学生应用和评价知识的能力得到提高。学生个体在开展自主学习的过程中，会遇到不同的问题，他们对问题的解决需求也有所不同，教师要利用协助学习的方式给学生提供帮助。学生在学习中的主动程度集中体现在他们在学习活动中的个性化表现程度，如此一来，才能够将他们的学习兴趣和积极性充分激发出来，实现终身教育的重要目标，不断提高学生学习的主动性和积极性。

教学活动最基本的特征是交互，教师应用人—人交互活动的主要体现是把合适的互动环节设置在课堂活动中，从而提高学习者学习的积极性和主动性。在开展课堂互动教学环节的过程中，可以立足于一些引导性或现实性问题，采用小组讨论的形式，对课堂教学活动中的重点和难点内容进行讨论。教师设计讨论内容时，要把教学内容和现实生活结合起来，学生要利用协同学习的方式提高自己参与课程学习的主动性和积极性，加强与其他同学之间的互动和交流，让自己对知识的掌握和应用程度不断提高。所以，对引导性问题进行设计时，教师要把应用、分析和理解概念的题目与记忆性题目区别开来，对教学目标实现的具体情况进行考察和评价。就具体实践来说，对"脚手架性质"的引导性问题进行设计时，能让学生在讨论过程中形成的认知负荷不断削减，提升课堂讨论效率和质量。除此之外，教师还要综合应用定量计算和定性分析的方式设计讨论题目，使学生分析和解决问题的能力不断提升。

（3）线下实践活动的必要因素

学校可以综合利用学生互评和教师评价的方式开展线下实践，具体来说，可以从课堂展示、独创性、工作量和完成程度等四个维度进行评价，对学生的核心素养进行培养和增强，比如善于沟通能力、勤奋刻苦能力、开拓创新能力等。

任何课程活动的开展，都要与课堂教学环节和线上课程环节相结合，进一步研究和创新混合式教学模式，把以虚拟实验和实践操作为基础的体验性环节融入其中。课程教学环节主要通过启发性问题开展导向式学习，让学生不断内化知识，重点是对学生应用和评价知识的能力进行培养；实践环节主要是对学生的创新精神和能力进行培养；在线课程环节主要是让学生进一步学习和理解一些基本的知识点、原理和概念，如此一来，便形成了以课堂讨论、线下实践和在线学习三种方式相融合的混合式教学模式，从而将学生学习的主动性、积极性和热情充分调动起来，推动教学质量和教学成效的不断提高，为互联网＋高校课程教学模式的发展指明了新的方向。

（三）混合式教学的技术支撑

1. 实时与异步交流技术

混合学习的形式丰富多样，通常包含在线与离线混合学习、自主与实时协作混合学习、结构化与非结构化混合学习等，实时与异步交流在混合学习中均得到了广泛应用。所谓实时交流，是指网络交流的参与者能够进行实时沟通，如实时聊天室、实时视频会议等。通过实时交流，教师和学生、学生和学生之间可以异地同时讨论、答疑、协作、分享。异步交流是指参与者之间的沟通是非实时的，如论坛、电子邮件等，参与沟通的双方或多方之间的信息发布与接收存在延迟。如果说实时交流解决了教师、学生之间地理空间的限制问题，那么异步交流则解决了教师、学生之间时间差异的问题，学习资源和学习时间可以被更充分、更灵活地利用。实时与异步交流为混合学习的参与者提供了灵活的沟通方式。

（1）聊天室

聊天室又名网络聊天室，是一个支持多人同时在线交流的虚拟网络社区。在同一个聊天室的人们通过广播消息、文章、语音、视频等进行实时交谈。在聊天过程中，聊天者可以实时看到其他成员的对话，随时加入他们的对话。聊天室通常有固定的谈话主题，并且会有一个或多个主持人主持讨论过程。

聊天室为混合学习提供了良好的平台，有助于创设一种深度在线交互的学习方式。教师和学生可以在约定的时间进入聊天室，就某一个或多个话题展开讨论。每个讨论参与者可以看到在线者的名字和其他参与者发的帖子，可以提出问题，也可以即时回复其他人的问题。一般的网络通用聊天室不需要保存聊天记录，但支持混合式学习的聊天室则需要保存聊天记录。通常网络学习管理系统（如 Blackboard 等）中都会提供聊天室工具。

（2）腾讯 QQ 即时通信

腾讯 QQ 即时通信在国内混合学习中应用得比较普遍。腾讯 QQ 即时通信提供了群、讨论组、视频通信、微博、腾讯 QQ 空间、文件传送和电子邮件系统，可以与在线伙伴实时通信，交换彼此的观点和看法，提出问题或者回答问题。在集体或分组讨论、消息发布和文件传送等方面发挥着积极而重要的作用。

在混合学习中，学习者利用腾讯 QQ 联系其他在线学习者，开展实时在线交流，并根据需要在学习者之间传递和分享有关学习资料。腾讯QQ通信所具有的即时性和快捷性，尤其是视频通信功能，为混合学习模式提供了良好的技术支撑。

（3）视频会议系统

视频会议系统是指两个或两个以上不同地方的个人或群体，通过视频传输线路及多媒体设备，将声音、影像及文件资料互传，进行即时且互动的沟通，以实现会议目的的系统设备。视频会议系统属于实时通信系统，除了能够看到与自己通话的人，并与之进行语言交流外，还能够看到他的表情和动作，达到面对面交流的沟通效果。

视频会议系统通常包括软件系统和硬件系统，通过现有的电信通信传输媒体，将人物的静态图像、动态图像、语音、文字、图片等多种资料分送到各个用户的计算机上，使得在地理上分散的用户通过图形、声音等多种方式进行信息交流，模拟大家共聚一处的情境。

视频会议系统在混合式学习中的应用十分广泛，尤其针对不同地理位置的学习者。借助互联网可以从事远程教学、协商和讨论交流，在提升学习者之间的沟通效率、缩减差旅成本、提高学习成效等方面具有显著优势。视频会议系统在网络远程学习中可以取代传统的面对面教学，是远程学习的新模式。

（4）论坛

人们一般喜欢使用BBS来称呼论坛，这是一种电子公告板或公告板服务，也是以互联网技术和平台作为基础的电子信息服务系统。BBS将一个共同的交流环境提供给用户，每个用户都可以将自己的观点、看法、获取到的信息发布在BBS上。BBS的显著特征是丰富的内容、较强的交互性。BBS站点将各种信息服务提供给用户，如将讨论服务、聊天服务和信息发布服务提供给用户。

BBS 与我们现实生活中的黑板报略微相似，该论坛以不同的主题作为依据对不同的板块进行设置，同时，与用户的需求和喜好相结合设置相关的版面。用户通过 BBS 可以对其他人发布的关于某个主题的意见、言论进行阅读，也可以在该主题下发表自己的观点和看法。论坛还会将邮件服务提供给用户，便于用户之间私下开展交流。

在混合学习中，设置论坛的目的是促进学习者在网上开展非实时讨论。由于各种原因和条件的限制，让所有学习者同时在线不现实。因此，采用异步讨论的形式更具实用性。由于不受时间和空间的限制，基于 BBS 的讨论可以无限期地延伸下去，从而保证了讨论的深度和广度。

2. 虚拟现实技术

虚拟现实技术主要是人工智能技术与人机交互技术、人机接口技术、计算机图形学、传感器技术等技术的交叉与融合。充分发挥计算机的作用，赋予听觉、嗅觉和视觉等各种感觉强烈的三维感、真实感和立体感，用户运用相应的设备，便能体验虚拟世界，实现交互。与传统的实操教学相比，虚拟现实技术能够为学习者提供生动、逼真的学习环境，尤其是对某些需要在危险、实现成本较高的现实环境下进行的操作，利用虚拟现实技术替代传统教学中的真实环境操作训练，可以较大限度地保障学习者的安全，有效降低培训成本。在虚拟课堂的学习中，学生可以按照教师的教学计划按部就班地学习，自主点播学习资料并在线交流探讨，达到依据自身的个性化需求，充分运用各种方式和资源进行学习的目的。

（1）虚拟现实系统的构成

虚拟现实系统由硬件设备和系统软件构成。硬件设备主要包括跟踪系统、触觉系统、音频系统、图像生成和显示系统以及可视化显示设备。跟踪系统的任务是实时检测出虚拟现实中人的头、身体和手的位置与指向，以便把这些数据反馈给控制系统，生成随视线变化的图像。跟踪系统有电磁跟踪系统、声学跟踪系统和光学跟踪系统三种类型。触觉系统是使用户能用手或身体的其他能动部分去操纵虚拟物体，并在操作的同时感受到虚拟物体的反作用力。音频系统由语音和音响合成设备、识别设备、生源定位设备所构成，通过听觉通道提供的辅助信息以加强用户对环境的感知。图像生成和显示系统是模拟虚拟对象并将其呈现在显示设备上。图像生成系统会根据用户操作在合成图像的基础上即时生成虚拟场景。一般情况下，图形工作站用于支持图像生成和显示系统高效率工作。可视化显示设备主要用于呈现模拟图像和环境，通常采用 3D 呈现方式，对图像的清晰度、连续性要求较高。

虚拟现实系统软件的种类非常多，主要包括面向桌面的虚拟环境系统（如 VRT、VPL 的 RB2 系统等）和面向工作站的虚拟显示软件系统，后者通常具有更强大的功能，如 SGI 的 VR 开放平台等。虚拟现实系统在开发虚拟现实应用软件方面具有快捷、简易的特点，有利于提高开发效率。

（2）混合式教学的虚拟课堂

虚拟课堂是以虚拟空间作为基础打造的一种虚拟学习环境，让师生充分发挥计算机网络的作用，基于在不同的空间和不同的距离范围推动各种教学活动的开展。

虚拟课堂教学活动根据其与现实课堂的关系可以概括为模拟现实课堂、扩展现实课堂和创新现实课堂三种类型。模拟现实课堂的教学活动分为同步直播教学和同步集体互动讨论；扩展现实课堂的教学活动分为异步点播教学、异步集体互动讨论和异步文本资料的课外自主阅读；创新现实课堂的教学活动分为以数字资源利用为主的个性化学习、以在线合作为主的小组学习和以在线群体交互为主的社会性学习。

现代学校教育环境的建设和教育教学活动的开展都离不开虚拟课堂，虚拟课堂也成为教师教学和学生学习的重要方式，是学生实现全面发展的重要载体。与此同时，虚拟课堂作为一种积极有效的环境，有利于把学生的内在学习动机激发出来，推动学生创造力的不断提高。所以，现代化的学习教育要将现实课堂和虚拟课堂之间的关系处理好，让这两种课堂在育人方面的特征和优势充分发挥出来，再与这两种课堂各自拥有的作用和功能相结合，以形成和完善整体性的教学解决方案，在融合和综合应用这两种课堂的基础上，推动混合学习模式的顺利实施。可以说，在信息化时代，教育的主要方式是综合应用虚拟课堂和现实课堂的混合式教学模式。

在混合学习中，可以利用网络学习管理系统构建虚拟课堂。虚拟课堂主要利用 Blackboard 的展示工具、白板工具、聊天室工具、问题管理工具、小组工具、课程地图等构成，模拟课堂信息传递与反馈等主要功能。

（3）典型的虚拟现实系统

虚拟现实技术在培训与教育、仿真建模、计算机辅助设计与制造、可视化计算、遥控机器人、计算机艺术、先期技术和概念演示等领域得到了广泛应用。在教育中应用的典型虚拟现实系统主要包括虚拟实验室、虚拟课堂、虚拟图书馆、虚拟校园、虚拟演播室和虚拟远程教育等，它们分别具有如下作用：

一是虚拟课堂。前面已讲，不再赘述。

二是虚拟演播室。要按照合适的比例立体设计虚拟演播系统的布景，虚拟的前景和布景会随着摄像机的移动而发生相应的改变，让节目的真实感和立体感不断增强。

三是虚拟远程教育。虚拟远程教育是以互联网作为基础，将图像、声音和其他多媒体技术融合到一起，构建起具有三维空间属性的远程教育中心。该中心的学习环境有比较强烈的真实感、交互性、沉浸感和生动感，有利于学生学习效果和质量的提升。

四是虚拟实验室。基于虚拟现实技术，能将生动逼真、动态变化的学习环境提供给学习者，如显示出化学物的分子结构、对人体模型进行构造等。

五是虚拟校园。虚拟校园主要是虚拟校园中的真实场景。综合应用声音、文字、图像、视频等多种多媒体技术，使构建出的虚拟校园具有更强的真实感、生动感和三维可视化的特征，浏览者利用计算机和网络便可以对整个校园进行浏览和观看，仿佛在参观真正的校园。

六是虚拟图书馆。学习者可以利用虚拟图书馆对各种文献资源、书籍和作品进行阅读和浏览，学习者只要轻轻点击鼠标，便会进入阅读的书籍的虚拟场景，利用虚拟现实技术对书中的意境进行感受和体验，仿佛身临其境，与虚拟世界的作家进行沟通和交流。

3. 智能空间技术

应用于混合学习中的智能空间技术可以为学习者营造一种具有针对性和适应性的学习环境。学习者在该环境中能够更加方便地获取适应自身情况的学习资源，从而使得混合学习更为便捷、高效。

（1）智能空间

智能空间致力于研究和探索信息空间和物理世界之间的融合，对自然的人机交互非常关注，对设备和用户的动态演化更加适应，可以让用户高效迅速地完成任务。智能空间包括了角色或执行、观察或感知、推理或分析三个基本功能，其作用主要表现在两个方面：一方面，一旦物理世界中物体的状态发生了任何改变，信息空间中与之相关的对象也会随之发生变化，反之也成立；另一方面，物理世界中的物体在信息空间中都有对应的对象，彼此之间存在相互关联。坚持以人为中心的理念对具有通信能力和计算能力的空间坚持构建，让用户与计算机系统之间建立起交互关系，从而让计算机随时随地、透明化地将人性化服务提供给用户。

总体来说，系统软件、硬件设备、普适网络共同构成智能空间。其中，以用途作为划分依据，硬件设备可以分为两种：一种是用户设备，它包括生物传感器、智能机器人和智能家居等在内的自适应性智能设备；包括键盘、发光二极管、鼠标等在内的传统的输出和输入设备；包括手机、掌上电脑、个人数字助理（PDA）等在内的无线移动设备，这些设备在任何场所都可以和智能空间发生交互作用。另一种是系统设备，包括电网装置和电池等在内的供给能量的设备；包括照相机、麦克风和传感器节点等在内的环境参数获取设备；包括对环境参数进行深入分析的处理器；包括机器人、扬声器和放映机等以推理信息作为基础来推动科学决策的执行器。

通过普适网络对物理世界进行连接是智能空间的显著特征。从本质上来说，智能空间通过多样化的方式让计算机和各种物体之间建立起相互连接的关系。智能空间包括了多种类型的网络，主要有无线传感器网络、互联网的自组织网络等，该空间的组成部分包括嵌入计算资源、用户、系统、物理世界中的感知器等，通过这四个部分之间的共同协作关系，将多种无线网和移动互联网之间实现连接，对异构集成网络进行建设。基于普适网络，多种设备能和异构环境自动进行相互连，对物理设备和传感器节点进行感知，它的运作原理是在计算资源中进行嵌入，将感知器的作用充分发挥出来，利用计算机系统随时随地将通信服务提供给用户。

管理智能空间中的信息设备、计算实体和大部分物体是系统软件的主要功能和作用，并作为重要的技术支撑推动它们之间任务迁移、数据交换、消息交互、任务协调和服务发现等作业的开展。智能空间和传统分布式系统软件之间最大的差别是，智能空间中的系统软件包括物理集成和自发互操作两大类。

目前智能空间研究的热点主要体现在信息采集、上下文感知计算、中间件、智能决策与执行、安全性等方面。

（2）智能课堂

在混合学习领域中，智能教室是应用较为广泛的智能空间技术，我们可以通过在现实中的教室嵌入丰富的信息呈现设备、传感设备、感知模块和相应的计算机系统，把整个教室的三维空间增强为一个实时交互式远程学习系统的交互接口，使教师可以在运用自己熟悉的面对面教学方式进行授课的同时，透明地与远程学生进行交互。

近年来，教育机构和研究团体非常重视对智能课堂的研究。智能课堂集成了声音识别、计算机可视化和相关感知、通信技术、音频反映技术、特殊软件和辅助听力设备，能够利用自然接口提供与真实生活相类似的经验。课堂教学设备的多媒体化、网络化和智能化是实现智能课堂的基础和前提，熟练掌握现代教育媒体和现代教学方法的高素质教师是智能课堂的保障。智能课堂通常会配置数字投影仪、计算机网络、DAD播放机、音响系统、触摸屏控制系统、电话、视频输入和文件传送器等。

例如，清华大学基于普适计算技术开发了一种智能课堂系统，它包括相对独立的两个空间：教室和电脑。教室的前面和侧面分别安装了两块投影板，前面的投影板具有触摸功能，主要用于显示教学资料。教师可以使用数字笔和橡皮在该板上书写和擦除，远程学习者也能够实时看到这些改动。侧面的投影板主要供学习者使用，可以显示远程学习者的图像和通过电脑驱动的虚拟助手。教室中安装了很多摄像头，主要用于捕捉教师的动作和教室图像。系统能够对教师的动作进行识别和解释。

又如，加拿大多伦多大学安大略教育研究院（OISE）的吉姆·斯洛塔博士带领研究团队开发了一种支持可视化协作的智能教室。该智能教室实现了多功能集成、呈现和展示不同设备的信息、位置计算（能够计算学习者在教室中所处的位置）、交互学习对象和智能代理框架等。智能教室为学习者提供了功能强大且可以自己定制的学习环境，让他们既能参与各种混合学习活动，也可以使用由传感器获取的数据。在智能教室中有多块交互式电子白板，其中一块是教师用的白板，其余是供小组学习使用的交互式电子白板。交互式电子白板之间相互联系，根据教学的需要，可以将小组白板呈现的内容转发到教师白板上，供全班交流使用。每个学习者都有手持移动终端设备，自己使用的同时，小组之间也可以互相通信，从而实现信息共享。

智能课堂中的混合学习为学习者提供了持续且不受时间限制的学习环境，有利于实现个性化学习。因此，基于智能课堂的教学能够比较好地解决学习者的差异性问题，为学习者公平和平等的发展提供基础，使不同学生有更多自由发挥的机会，也可以得到教师更多的指导和帮助。同时它将最大限度地满足不同类型和需要的多样化的学习者目标，适用于各类学习者群体。

二、智慧校园中混合式教学的模式

混合式教学模式有机融合了线下教学和线上教学两种形态，同时有效评估了教学结果和教学过程。云计算和互联网等信息技术是建设智慧校园的重要技术支撑，如此一来，智慧校园环境便能使包括教学管理人员、教师和学生等在内的参与教学活动的人对所需要的资源进行灵活获取，对系统进行随时随地的使用。基于各种终端平台，能快速高效地实现分类、推送、建设和检索各种线上教学资源。智慧校园还可以监控学生的学习行为，并且采集学习过程中的智能化数据，在深入挖掘和分析这些数据的基础上帮助教师对教学策略进行调整，推动智能化推送教学资源、自动化检测、实时化分析采集数据、及时化反馈评价的实现。同时，智慧校园提供的功能和支撑服务也有利于线下教学活动的有序开展，教师可以与线上教学资源相结合，在线下教学活动中进行查漏补缺，精心设计课堂教学活动，加强学生学习的深度。

智慧校园的建设有利于混合式教学模式变革的深入开展，大数据技术和数据分析技术是推动教育教学改革的重要利器，教育改革实施的重要基础和前提是智慧校园采集和应用的信息数据。信息化技术的发展和进步使得以可穿戴设备为主的智能终端得到广泛应用，从而可以采集和使用包括睡眠、生理周期、运动和体征等在内的个性化数据，对海量的学习用户感知数据进行收集，对学习者的情感变化和学习情况进行全面了解和及时掌握，并充分发挥大数据和大样本分析等智能化技术的作用，推动个性化教学的实践，为用户提供和推送他们所需的个性化知识。

三、智慧校园中混合式教学的构建

传感技术为智慧校园环境下开展数据挖掘分析、对学习者与所处环境交互的数据进行报告、测量收集工作提供了重要技术支撑，使教学参与者全面、系统、及时、客观地了解整个教学过程，从而提出具有针对性的举措，以便于对个体的学习过程进行调节和改善。它的运作原理主要包括以下三方面内容：

一是对摄像头、传感器和 RFID 等技术进行综合运用，对感知层进行构建，便于对教学情况进行监视，从而对各个教学环节和场景中产生的数据实现动态控制、智能处理和全方位实时感知；

二是以海量数据作为基础，利用深度挖掘和深度学习等技术，围绕在线学习个体推动精准建模的实现，将具有学习者特征的用户画像提供给学习者；

三是深入分析学习者的学习需求、心理状态和学习状态，并在资源子系统中找到与之相适应的资源数据，帮助用户更好地开展个性化学习。

（一）从新时代能力培养维度构建

我们构建混合式教学模式主要是为了培养学生的能力和素养，教师在教学活动中积极应用智能平台数据，从更深层次的角度对学生的能力进行了解和分析，提升他们的学习能力、创造能力和沟通能力，并以时代发展提出的要求作为重要依据大力培养人才。

第一，智慧校园采集学生学习过程中产生的个性化数据，并就其中的听课专注度和测试正确率等数据进行统计和分析，并将不同的用户画像提供给不同的学习者。在智慧校园中广泛应用这些用户画像，让教师对学生的学习规律、学习进度和学习的个性特征充分了解，与学生的实际需求相结合，使他们的学习活动体现出个性化的特征。

第二，教师与学生在学习活动中产生的感受和心理相结合，将互动学习环节和情绪调节融入其中，对学生学习的心理状态进行配置和优化，将学生的学习潜力、积极性充分激发出来，从而构建更加完善的适应性学习机制。

（二）从发展性教学评价维度构建

教学活动的重要形式之一是教学评价，通过评价产生的反馈信息有利于对学生的学习行为和教师的教学策略进行调整。从本质上来说，发展性教学评价是一种形成性教学评价，这种评价始终坚持以人为本的理念，加强对个体全面发展和改进教学实践的重视和关注。发展性教学评价非常重视对学生综合素质的培养，通过教学评价，不仅可以将优秀的学生选拔出来，还可以关注学生之间存在的个体差异，利用评价将不同个体的学习特征和学习需求挖掘出来，进一步对学生的潜能进行激发和调动，推动学生学习可持续发展。发展性教学评价开展的重要基础和前提是智慧校园环境，该评价还作为重要依据推动教学活动的有序开展，在其指导下，教师能对智慧教学策略进行精心设计和精准制定，让学生的学习知识和应用知识的能力不断提高。教师也可以与学生的实际学习情况相结合，对教学策略实施过程中产生的问题和缺陷进行改善和弥补。与此同时，为了让学生的发展需求得到满足，推动教学资源针对性和利用率的不断提升，学校还需要有针对性地对资源的组织模式进行调整，推动资源建设的高效开展。

（三）从应用智能新技术维度构建

学校教育体系创新发展的方向和趋势将是与人工智能和大数据等信息技术紧密结合，使得新形态的教育得以构建和完善。混合式教学模式将充分发挥人工智能技术的作用，利用更加智能化的手段和模式推动教育教学的创新发展。

一是智能技术作为重要的技术支撑，为混合式教学活动的开展提供所需的个性化资源，学生参与到在线学习活动中，会对许多音频资源、视频资源和文字资源进行访问，因此通过深度学习技术对访问轨迹信息进行深入分析和推理，便会获得个性化的信息，从而了解学生的需求，将他们所需的个性化资源提供给他们。

二是教师可以充分发挥智能技术的作用，对学生学习的心理状态、情绪、进度进行了解和掌握，与传感设备相结合可以获取学生学习的基础数据，在情感计算的基础上对学生的情感信息、兴趣爱好、学习习惯进行了解，从而推动个性化教学活动的开展。

三是针对混合式教学采用发展性教学评价要求必须利用智能新技术，学校、教师和学生是教学评价的参与主体，同时对学习过程中产生的定性数据和定量数据等进行评估，但是这些数据之间也存在一定差别，如果使用简单的统计处理方法，则很容易忽略部分信息，所以要充分发挥数据挖掘技术的作用，如将数据之间存在的关联规则挖掘出来，以增强教学评价的准确性和客观性，使教学评价始终服务于教学活动，从而提高教学质量。

第三章　智慧校园建设中的网络信息技术

目前，网络信息技术在校园日常管理和教学中的应用越来越广泛，作用也更加明显。智慧校园基于网络信息技术而诞生，建设它必须要有相关的网络信息技术作为支持。本章将从互联网技术、云计算与大数据技术、信息主动推送技术、移动端技术等方面讲述智慧校园建设中的网络信息技术。

第一节　智慧校园的网络体系与互联网技术

一、智慧校园的网络体系

作为一种全新的校园信息化形态，智慧校园基于互联网、云计算、移动互联网、大数据等先进的信息技术将教学科研、校园管理、校园生活等多个分散的、各自为政的信息化系统整合在一起，形成一个具有高度感知、协同和服务能力的有机整体。

（一）智慧校园网络的服务架构

智慧校园网络服务架构是通过网络设备将信息点与中心网络系统地连接起来。通俗来讲，就是将校园中的所有网络设备进行联网，以满足校园中各种应用环境系统和应用软件系统正常运行的需求。基于计算机及网络技术的优势，为学校的教学、科研、管理及校园生活等提供更为先进的技术支持是智慧校园网络服务架构的总体设计目标。

在建设智慧校园时，应综合现有的计算、存储、网络等 IT 基础资源，并在此基础上利用虚拟化技术，搭建具有高度共享性的虚拟资源池，校园应用系统可根据需要从虚拟资源池中获取相应的逻辑资源，进而借助 IT 基础设施层建立应用支撑层。虚拟资源池是计算虚拟化集群后的结果，具有高度的灵活性和共享性，可实现业务的平滑迁移，具体的搭建过程是利用多种不同架构的硬件系统，如小型计算机系统和高性能 PC 服务器等，首先建成综合性的虚拟化应用体系，进而在此基础上结合 FC-SAN、IP-SAN 的异构存储网络形成虚拟资源池。虚拟资源池的搭建满足了存储资源高度共享的需求，其意义主要体现在以下方面：

第一，实现了集中存储池空间的自由分配和回收，达到了真正意义上的按需分配，极大提升了资源的利用率。

第二，通过控制服务器数量的增加速度，不仅实现了服务器管理的极简化，还降低了运行维护的复杂度和成本。

第三，优化了校园服务器的利用率，保证了校园网络的灵活性和可靠性。

第四，在整合校园"业务应用"的基础上实现了信息资源的共享与交换。此外，在智慧校园的建设过程中，还应注重信息标准和安全运维体系的建设。

1. 智慧校园网络的核心特征分析

（1）智慧校园能够为高校提供一个综合性智能感知环境和信息服务架构，可以提供个性化定制服务。此架构可以为学校与外界提供一个互相交流和相互感知的接口。

（2）通过计算机网络的信息手段把校园内各种孤立的应用平台统一纳入

学校的服务领域，实现真正的互联互通。

2.智慧校园网络功能运用的需求

（1）智慧校园应构建一个综合性的统一管理平台，为用户提供集成性的服务，包括数据集成、流程集成、用户界面集成等。这是现阶段校园信息化建设的发展趋势，也是智慧校园建设的终极目标。综合性统一管理平台的搭建不仅可以实现应用整合、综合运营，还可以满足用户共享信息资源的需求，打破了教育系统各部门、院校与信息资源之间形成的数据孤岛。一方面减少了重复投资所造成的成本浪费，另一方面提升了教育信息化建设的整体水平。

（2）在数字化校园建设中，"技术导向"的思维模式不仅表现出重管理、轻服务，还表现出明显的重建设、轻应用，这在一定程度上限制了教育信息化作用的发挥。因此，智慧校园的建设应通过信息资源和业务的整合为在校师生提供一站式的服务，进而在推动教育改革、学习方式变革的基础上提高学校的教育质量。

3.智慧校园网络建设遵循的原则

（1）共享性原则。在智慧校园的建设过程中，应充分利用网络基础和业务系统建立信息资源共享机制，通过整合实现信息系统与学校所在省、市教育信息资源的共享，促进互联互通，在优化资源利用率的同时使有限的资源发挥最大的效益。

（2）开放性原则。智慧校园在后期的应用过程中，不论是校园网还是资源都只会应用越来越多。因此，为了有效地降低技术升级风险，便于后期的系统维护，需要在智慧校园建设的前期对各项应用进行统一的组织与管理，在综合考虑各应用系统的开发平台、数据库及运行环境等因素的基础上满足学校未来变化和扩展的需求，通过构建开放性平台以实现系统的持续性改进，同时有效地降低业务系统后期的维护成本。

（3）集成性原则。在建设智慧校园时，应基于中华人民共和国教育部和行业标准体系制定规范的智慧校园数据标准，在围绕标准、数据、应用及用户这四大重点要素的基础上借助智慧校园平台以实现学校已建和今后新建业务应用系统的无缝集成，将用户管理、统一身份认证、数据交换集成、业务数据整合及信息资源展示等有效地融合在一起，最大程度地提升校园信息资源和数据资源的利用率。

（4）先进性原则。综合运用先进的技术和先进的系统工程方法，以建设成一个具有先进性和开放性的智慧校园，在充分体现先进智慧校园理念的基础上实现智慧校园的可持续发展。

（5）系统安全性原则。系统的安全性是系统设计与建设的关键。系统安全包括数据安全、网络安全、管理安全及传输安全等多个方面。

在设计智慧校园系统框架结构时，要根据现有的校园网覆盖情况，集成和融合校内原有的学生管理系统、科研管理系统、校内办公自动化（OA）系统、财务管理系统、国有资产管理系统、校内其他服务管理系统、教务管理系统等多种信息化资源，来设计智慧校园系统的框架模型。

智慧校园的建设是以移动互联网、感知网和校园宽带信息传输网环境为基础设施，在原有的校园网、网络服务器、各类管理信息系统等校园数字资源基础上，进行智能化升级，建立感知网络环境，与高校现有的校园网网络设施共同组成智慧校园的网络基础。融合高校现有的一卡通、图书馆、实验室等搭建云服务架构，建立静态数据仓库和动态数据仓库，分别存储图书、设备等固定资产资源信息和检测业务等动态数据信息，为智慧校园的建设提供保障平台。智慧校园的应用设计从平安校园、生态校园、绿色校园、和谐校园和科学校园等方面进行考虑，从教学管理到校园生活服务全面设计系统应用服务。智慧校园系统不仅为师生和管理人员提供信息服务，还根据感知到的数据进行统计分析，智能地帮助人或物做出科学的决策，如智慧节能、智慧导航车位、智慧自习室座位展示等功能。整个系统建设需要在一套完整的信息标准与规范、工作体系、管理机制下完成，这样才能提高系统的实用性和规范性。

（二）智慧校园中的多网融合技术

多网融合技术是指将互联网、视频监控网等智慧校园子系统中的控制网络直接接入校园网，或者通过间接的转换模块接入校园网中，将校园光纤网络作为传输的基础，TCP/IP 协议为网络协议基础，实现各个校园内子系统的有效联动，从而实现系统一体化集成管理。多网融合技术在智慧校园中的应用主要有实现各个网络之间的内容融合和接入融合两个目标。通常情况下，内容融合是以接入融合为基础，借助软件协议栈的设计而实现的，这是保证网络系统高效、准确运行的关键。首先，内容融合指的是各个子系统和各个网络之间的信息可以进行有效的传递；其次，接入融合指的是各个网络应采用相同的网络通信协议，以保证不同网络对信息格式的兼容性，进而实现信息的自由转换和传输。目前，TCP/IP 协议是使用最为广泛的路由层协议，而网络融合技术也正是基于该协议而实现的对不同网络之间合理高效的控制。

此外，对于多网融合技术的研究与开发，主要以第三代合作伙伴计划（3GPP）、国际互联网工程任务组（IETF）、非授权移动接入（UMA）等非营利性国际组织为主开展研究工作。我国推出网络融合技术解决方案的公司主要是华为（HUAWEI）、中兴（ZTE）等。下面以华为公司的智慧校园多网融合解决方案为例，探讨多网融合技术。

华为公司的智慧校园多网融合解决方案可以实现自动发现网络资源，网络链路自动创建；提供了 IT&IP 一体化拓扑视图，全面管理校园网资源；呈现了子图、链路、网元状态，可以帮助用户实时了解网络的运行情况；按用户信息保存了网元位置，支持拓扑背景图、自定义图标功能以及各种 Tips 信息，校园网络结构清晰。

1. 多网融合解决方案的结构

华为公司的智慧校园多网融合解决方案是基于软件定义网络（SDN）思想提出的，它以智能的策略中心 Agile Controller 和敏捷的执行中心敏捷交换机 S12700 为核心，采用接入层扁平化的方案，业务由核心层集中分发与管控。其主要结构如下：

（1）园区网络核心。使用华为交换机 S12700，以第二代集群交换机系统（CSS2）模式部署。

（2）园区汇聚层。使用华为交换机 S7700，对网络下层接入设备启用超级虚拟交换网（SVF）功能，将无线设备也融合进来统一管理。

（3）园区接入层。按智慧校园的实际需要部署绿色节能交换机和 WLAN 覆盖，使用核心交换机上的随板无线控制器（AC）对无线接入点（AP）进行管理，无须另外配置盒式 AC 或者插卡式 AC。

（4）园区网络设备管理。使用 Agile Controller 配合 eSight 对校园内有线和无线网络设备进行统一配置和管理。

2. 多网融合解决方案的特点

华为公司的智慧校园多网融合解决方案具有以下特点：

（1）真正把无线和有线进行深度融合。随板 AC 功能是华为交换机的核心，其在智慧校园中的应用不仅实现了校园内 WLAN 和校园网的深度融合，同时还真正做到了校园内接入层 AP 和交换机的统一管理，最大程度地简化了网络的复杂结构，为网络维护提供了极大的便利。

（2）方案采用了创新的华为包守恒 iPCA（网络包守恒）技术。这一技术的运行是基于真实的业务数据，以包染色的方式，通过业务流量直接获得真实的网络质量情况。包守恒 iPCA 算法在智慧校园中的应用有利于为网络维护提供最真实的决策和管理依据，借助网络管理平台，真实的网络服务器质量情况便能如实地展现出来，进而提高网络维护的整体水平。

（3）方案采用了校园网 SDN 平滑演进方式。SDN 技术是一种新型网络创新架构，是网络虚拟化的一种实现方式，主要通过将网络设备控制面与数据面分离，从而实现了网络流量的灵活控制，使网络作为管道变得更加智能。华为公司的智慧校园多网融合解决方案采用 SDN 技术专为高校中多业务而定制，能够支持高校不断建立向前演进的软件定义校园网，更好支持科研教学业务。

华为公司的智慧校园多网融合解决方案的成功案例为清华大学平安校园安防系统。该系统采用华为敏捷交换机作为网络核心，保障了监控视频高质量传输和与校园网的深度融合。

（三）智慧校园网络的不同体系

1. 有线网

（1）综合布线与运行环境设计

综合布线系统（PDS）也称为建筑物结构化综合布线系统，是一种在建筑物和建筑群中进行网络数据传输的通信系统。它把建筑物内部的语音交换、互联网设备、智能数据处理设备及其他广义的数据通信设备相互连接，并采用接入设备同建筑物外部数据网络或电话通信线路连接起来。结构化布线系统是根据各节点的地理分布情况、网络配置情况和通信要求，安装适当的布线介质和连接设备，是智慧校园建设工程的重要组成部分。

PDS 采用模块化结构，以一定的拓扑结构构成传输大楼话音、数据和图像等信息的网络。PDS 系统可划分为建筑群主干布线、建筑物主干布线、水平（配线）布线、工作区布线四个核心子系统。与之相对应的综合布线部件包括：建筑群配线架（CD）、建筑群干线电缆（光缆）、建筑物配线架（BD）、建筑物干线电缆（光缆）、楼层配线架（FD）、水平电缆（光缆）、转接点（TP）、信息插座（IO）。

建筑群主干布线通常是由连接的光缆和相应的设备组成，其通过将一栋建筑物中的电缆延伸到另一栋建筑物中，以支持通信设备和装置的正常运行，两栋楼宇之间连接的通信硬件主要包括导线电缆、光缆及电气保护装置等，其中，电气保护装置的主要作用在于防止电缆上的脉冲进入建筑物。在建筑群主干布线时，对于室外电缆的敷设通常采用架空、直埋、管道及隧道四种方式。架空安装通常只用于有现成电线杆的环境，从电线杆到建筑物的架空进线距离以不超过 30 m 为宜。直埋电缆布线的选址和布局需要针对校园内实际情况而专门设计，必须充分考虑直埋工程的可行性。若采用建筑群管道系统，则应在综合直埋电缆设计原则和管道设计步骤的基础上采用接合井，接合井的布置方式主要有两种，一是可将主结合点作为接合井的安装位置；二是可均匀设置接合井，且两个接合井的平均间距在 180 m 左右。若采用建筑群隧道系统，则最佳的设计是利用建筑物之间的供暖和供水隧道，这样不仅可以减少地下隧道敷设电缆的成本，还可以充分利用原有的安全设施。但要注意的是，隧道施工必须符合民用建筑设施施工的相关标准，将电缆安装在尽可能高的位置，以与供水、供暖的管道保持一定的距离。

建筑物主干布线包括垂直干线布线、设备间布线和管理间布线。垂直干线布线提供建筑物的干线电缆（光缆），负责连接管理间与设备间，一般使用光缆或选用大对数的非屏蔽双绞线，它也提供了建筑物垂直干线电缆的路由。

垂直干线布线通常是在两个单元之间，特别是位于中央节点的公共系统设备处提供多个线路设施。一般由导线、光缆以及将此光缆连接到其他地方的相关支撑硬件组合而成。设备间是建筑物内的接入网设备、计算机网络设备以及大楼总配线设备（BD）的安装地点，设备间布线由电缆、连接器和相关支撑硬件组成。它把各种公共系统设备的多种不同设备互连起来，其中包括接入网设备、光缆、交换机等。管理间是连接建筑物内垂直干线与水平干线的安装点，其主要设备有配线架、交换机、机柜和电源。管理间内的配线架一般由光纤配线盒和铜线配线盒组成，在管理间内应留有足够的空间放置配线架和网络设备（集线器、交换机等），同时要为集线器、交换机配备专用稳压电源。

水平（配线）布线是从用户工作区的信息插座到管理间的配线架，它包括楼层配线架和楼层配线架到信息插座的水平电缆（光缆）两部分。通常采用的是星型布线结构。星型、环型及总线型是常用的三种布线结构。对于配线子系统来说，其主要由配线间到本楼层工作区域的电缆束组成，其布线采用的是星型结构。配线子系统的作用是借助跳线调节以实现数据点和语音点之间的交换。在设计时，电缆的选择是尤为重要的，而建筑物信息点的属性是影响电缆选择的决定性因素。通常情况下，语音信息点多采用三类双绞线，而数据信息点多使用超五类双绞线，特别情况下也会选用六类线。但是当综合布线系统的整体性较高时就需要采用统一的布线规格。

一个工作区子系统内包含有多个工作区域，在设计时，必须要保证每个工作区域都能设置终端设备，进而使每个工作区域都能独立运行。在工作区中，信息点以均匀分布的方式呈现，可有效地满足各端口通信设备的实际需求。在设计子系统时，不论是信息插座的类型还是信息插座的安装位置都是极其重要的，它们都是影响高速网络产品运行的直接因素。因此，必须要选择合适的数据插座，并将其安装在工作区中最合适的位置，以保证高速网络产品的正常运行。

综合布线系统不是一个软件系统，而是像计算机硬盘一样属于硬件配置。实际上，高楼建筑内和各高楼之间的布线结构就好比是一个信号接收器或信号传输器，其主要作用就是为了增强网络通信的信号。作为连接建筑内外部信息的桥梁，综合布线系统将语音设备、图像设备、信号控制系统及数据系统等多个与通信有关的系统相互连接在一起，以构成各建筑物之间整体的通信系统。综合布线是影响信息传输的关键因素，基于子系统的不同功能，可将综合布线系统分为六大模块，即六个子系统。这六个子系统的设计与布置是影响系统整体功效发挥的重要因素。因此，应科学、合理地设计好这六个子系统，一方面确保系统的整体质量达到最高值，另一方面在降低操作成本的同时促进经济效益的增长。

（2）虚拟局域网与虚拟专用网

第一，虚拟局域网（VLAN）作为一种比较成熟的交换技术，其与物理局域网的属性相同。虚拟局域网的创建主要是根据组织架构、地理区域及应用类型的不同而在交换机上组建的多个小型局域网，其主要是以分段逻辑网格的形成呈现，每个 VLAN 形成一个逻辑网络，而每个 VLAN 的终端代表一个广播域，数据在不同 VLAN 之间的转发主要是借助路由器或三层交换机以数据包的形式实现的。

VLAN 在校园网中主要的功能是通过规划广播域的方式优化校园网网络结构，限制广播风暴的传播，对校园网络面临的数字校园账号安全等问题在一定程度上进行防御。其作用主要体现在以下三个方面：一是 VLAN 划分可在控制数据流量的基础上减少冲突域，进而有效地抑制广博风暴；二是 VLAN 中的 ACL 访问控制列表可有效地限制不同 VLAN 间的通信，进而保证网络的安全性；三是可借助不同的 VLAN 划分方式，以实现灵活组网，即可根据实际需求将位于不同位置的两台终端设置为相同的 VLAN，以满足不同地域之间的通信需求。VLAN 的划分方式主要有动态划分和静态划分两种。首先，用于动态划分的协议主要包括 MAC 地址、第三层协议和协议管理策略三种，其中使用最为广泛的是 MAC 地址。将终端 MAC 地址对应的 VLAN 配置到交换机后，位于该网络内的任意一个交换机都可为终端提供相对应的 VLAN 支持，但是这种划分方式通常因为终端用户量的增多而导致人员配置管理的工作量增加且极易出错。其次，静态划分是将交换机的各个物理端口配置相应的 VLAN 且每个端口所配置的 VLAN 是固定不变的，终端在与物理端口连接后便可成为该端口所属 VLAN 的成员，如果要变更 VLAN 只需调整终端的配置端口。这种划分方式较为普遍且通常适用于办公地点较为稳定的环境中。

动态划分是一种基于 MAC 地址的划分方式，而静态划分则是基于端口方式划分 VLAN。前者在实际应用中需要将长度为 48 位的 MAC 地址全部配置到交换机中，这在终端数量较多或网络规模较大的情况下，不仅会增加划分的工作量，导致配置过程极易出错，而且还会增加管理的难度。综合考虑，不建议选用这种划分方式；而基于端口的静态划分方式，不仅可以突破地域的限制，还能保证主体网络的安全性。在实际工作中，校领导、行政部门及行政管理人员的办公地点可能位于不同的楼层，那么在划分 VLAN 时就需要分别进行。同时对于一些安全级别较高的网络设备和服务器也要独立设计 VLAN，并配置相应的安全策略，以起到隔离广播域和冲突域的作用，降低广播风暴对主体网络的影响。

在校园网中，可以建立的 VLAN 类型是多样的，包括默认 VLAN、数据 VLAN、管理 VLAN 及本征 VLAN 等，这几种不同类型的 VLAN 所涉及的内容不同。其中默认 VLAN 是指网络设备出厂自带的 VLAN，编号一般为 VLAN 1；而数据 VLAN 则是指 PC 应用所在的 VLAN，习惯上数据 VLAN 的编号采用的是 10 的整数倍数字，如 VLAN 10、VLAN 20、VLAN 30 等；管理网络设备的 VLAN 称为管理 VLAN，其在选择编号时要考虑安全性的问题；本征 VLAN 主要用于处理传统的无 VLAN 标签的数据，如 VLAN 99、VLAN 999 等。以上所有的 VLAN 编号都可以根据自己的习惯和喜好而选择，并没有固定的标准。

VLAN 技术的应用，一方面可以使同一个 VLAN 划分到不同的设备上，另一方面可以使同一个设备上划分到多个 VLAN，而当不同的 VLAN 数据在同一个公共通道上传输时，便会出现两个问题：一是如何区分多个公共通道；二是如何区分公共通道上传输的不同的 VLAN 数据。这两个问题都有相应的解决办法。首先，可将多个 VLAN 公共通道设置为主干 TRUNK 链路以解决公共通道区分的问题，在设置主干 TRUNK 链路时需要手动辨识和配置；其次，可采用打标签和拆标签的方式区分不同的 VLAN 数据。其中打标签在发送端完成，而拆标签则是在接收端完成，但不论是打标签还是拆标签，都是由设备自动进行的。

在实际应用中，VLAN 具有局限性，具体表现为：一是每个 VLAN、ISP 设备必须有大量的接口才能满足客户的需求；二是生成树会随着 VLAN 数量的增加变得越来越复杂；三是多个 ACL 的维护增加了网络配置的复杂程度；四是 VLAN 的可利用资源是有限的，随着用户数量的增多，一方面会造成 IP 地址的浪费，另一方面还会使 VLAN 的资源受到挑战。基于此，私有 VLAN 方案被提出，所谓的私有 VLAN 即在原本的 VLAN 内部再构建一层 VLAN 的功能，也被称为 PVLAN 或多层 VLAN。这种方案的应用可进一步分割 VLAN 内部广播域，进而在削减广播通信流量的基础上提升通信的安全性。这一功能被广泛应用于图书馆、食堂及公共机房中，可有效地控制服务器或网关与终端的连接，使不同终端之间无法相互通信。

第二，虚拟专用网（VPN）主要用于远程访问内部的专用网络，其是一种基于公共网络和现有的因特网资源而建立的一个专门传输私有数据的网络连接。该技术在工作中的应用，既实现了数据传输的高效性，用户不需要专门架设长距离的真实专用数据线路，又保证了私密数据传输的安全性。虚拟专用网的搭建可通过连接不同区域的局域网以形成一个逻辑上的专用网络通道，在实际应用中，就是在每个办公场所建立一个防火墙，然后借助因特网资源和 VPN 相关协议在这些区域建立安全隧道，通过这个隧道，任何两处办公场所之间的流量都可聚集到一个安全关联上，即 SA，其不仅支持数据的认证和加密，同时这种单向的 SA 还可在一定程度上保证数据的完整性和保密性。

在学校的发展过程中，通常会随着规模的不断扩大而划分成多个校区，且有的校区是跨地域的，这在一定程度上不仅影响了不同校区师生在工作、学习和生活上的交流，也加大了教学和科研的实践难度，极大降低了执行的效率。除此之外，不同的校区在访问校园网内部资源时也会受到限制，为教师和学生造成了较大影响。而 VPN 技术的应用，一方面可以解决校内专用资源在校外访问的问题，另一方面可以为不同校区的互联提供理想的方案，在保证教学资源安全共享的基础上有效地降低校园网的建设成本和周期。VPN 技术的应用可在外部用户和 VPN 服务器之间建立一条加密通道，原始数据包在经过加密通道后会进行加密处理并添加新的协议，保证了数据包在公共通道传输时不会被非 VPN 用户截取，而接受数据包的一方可通过密钥进行解密，这就实现了外部用户对内部网络的访问。VPN 技术被广泛应用于远程办公和企业之间的通信，这不仅是因为 VPN 技术减少了远程用户数据的传输时间和费用，更得益于其良好的扩展性和便于维护的优势。

校园网 SSL VPN 系统在设计时不仅要考虑 Clientless 的特性，同时还要重视其安全接入的问题。在本部校园网中配置 SSL VPN 服务器后，分校区用户客户端需要下载 Applet，然后通过 SSL 与 SSL VPN 服务器建立安全连接。同时在 SSL VPN 服务器和分校区及校外客户端之间建立防火墙，且防火墙的设置只允许 433 端口，当其与校园网内的应用服务器建立连接时就必须由 SSL VPN 服务器对访问数据按照策略进行控制鉴别，即对访问数据进行安全处理，然后才能将外网的数据重新定向到内网的应用服务器中。此时，校园网专用服务器就与分校区或校外客户端之间建立了一条加密的数据传输信道。

（3）网络设计测试与优化

随着学校业务的不断扩展，校园网中也承载了许多新的网络视频和流媒体服务，如大规模在线开放课程（MOOC）、校园网络直播和 IP 摄像头安保监控等，校园网的应用逐渐呈现出多元化的发展态势。这在一定程度上就对校园网的质量和服务提出了更高的要求，而网络设备的性能作为影响网络质量的关键因素，在智慧校园的建设中应予以特别关注，尤其是在设备选型或方案评估时，必须要将网络设计的测试与优化作为重中之重。

在网络设计测试时，通常采用网络设备性能基准测试的方法。而对于网络设备性能的基准测试，则应严格按照基准方法工作组所制定的方案进行。基准方法工作组隶属于互联网工程任务组，由其提出的一系列请求评议草案中不仅应对网络设备性能基准测试的参数及方法做出明确的规定，同时要对提交结果的格式及内容等做出详细的说明。其作为设备性能测试的辅助手段，极大地提高了设备性能判定的有效性和精确性。

单播和组播是校园网网络设备传输的两种主要协议类型。单播是一种基于 TCP 协议而为每个用户单独发送数据流，这种协议的优势在于服务器可以响应不同客户端的请求并为其发送不同的数据，同时数据流的转发质量也较高。但其缺点是当网络请求数较大时会造成服务器和网络主干设备负载过重。而组播协议是基于 UDP 设计，可将需求相同的客户端加入相同的组以实现同一数据流的共享，不仅可以减少网络主干的压力，还可以有效地节省服务器资源。

在具体网络测试中，通常包括线缆测试、网络性能测试和软件测试。线缆测试包括电缆验证测试、电缆认证测试和光纤传输通道测试，验证测试是测试电缆的基本安装情况，测试设备为电缆测试仪（如 Fluke 公司的 MS2-100）；认证测试是检查电缆正确安装后的电气参数（如接线图、链路长度、衰减、近端串扰等）是否符合有关规定（如 TIA、IEC 等）所要求的指标，测试设备为电缆认证测试仪（如 Fluke 公司的 DTX-1800）；光纤传输通道测试主要测试光纤的连续性、衰减/损耗、光纤输入功率和输出功率、发生光损耗的部位等，测试设备为光时域反射计（OTDR）。网络性能测试主要是对网络服务自动、逐一地进行检测，做出性能评价并预判等级；利用 Ping、Trace Route、SNMP Queries 等方法鉴别用户规定设备的连通性；查出网络错误，迅速诊断并排除网络问题，测量校园网络的利用率、广播、冲突及误码，迅速找出不正确的子网掩码定向、服务器错置及重复的 IP 地址。测试设备为网络测试仪（如 Agilent 公司的 Framescope 350）。软件测试主要是利用第三方测试软件测试网络，常见的软件有 NetIQ 公司的 QCheck、Fluke 公司的 OptiView 等。

2. 无线网

如今，移动互联网遍布我们生活的各个角落，人们在日常工作、学习、生活中，越来越离不开移动互联网。由于智能移动终端的普及，高校的教学活动已经不再是局限于固定的时间和固定的地点进行开展，出现了移动学习。

因此，高校的信息化建设也由单纯有线网转变为有线网与无线网同步建设。高校无线网络由于用户规模大、业务类型多、室内与室外覆盖、安全性要求高等特点，使得高校无线网络架构具有自身的特点，高校无线网络架构成为高校信息化建设的重要领域。

（1）校园无线网络分析与设计

无线局域网是指以无线信道作为传输媒介进行数据通信的一种局域网技术，它可以提供传统局域网技术的所有功能和优点，而不会受到线缆的束缚。无线局域网具有架设投资成本低、建设周期时间短、容易扩展、受环境和地形影响较小、组建网络比较灵活等特点。在互联网＋校园建设中，校园无线网络作为有线网络的有机补充，可以使校园网的应用得以延伸和发展，同时也使校园网的接入方式由单一化向多元化发展。师生可以在办公室、宿舍、会议室等校园区域的任意地方通过智能手机、平板电脑等多种方式接入网络。

无线网的技术标准包括蓝牙、IEEE 802.11 系列、IrDA、HomeRF、WPAN（IEEE 802.15）、HiperLan 等。其中普及程度最好的是 IEEE 802.11 系列标准，它是一个关于无线局域网的标准。该标准主要是针对 WLAN 所涉及的介质访问控制层（MAC）和物理层（PHY）而制定。目前主要包括 802.11a/b/g/n 等标准，其中，IEEE 802.11a 标准下的无线局域网传输速率为 54 Mbit/s，802.11b 标准下的无线局域网传输速率最高为 11 Mbit/s，802.11g 标准下的无线局域网传输速率为 54 Mbit/s，而 802.11n 标准的无线局域网传输速率可达到 300 Mbit/s，这也使得 802.11n 成为目前使用最为广泛的无线局域网标准。此外，还有被称为 5GWi-Fi 的 IEEE 802.11ac 标准，其通信依赖于 5GHz 频带。终端设备、无线控制器及无线接入点是构成无线校园网的通用设备。首先，终端设备指的是我们常用的笔记本电脑、智能手机等带有无线网卡的设备；其次，无线控制器，即无线 AC，其主要作用在于管理和控制所有的无线 AP，并支持信息安全认证；最后，无线接入点，即无线 AP，其作为执行桥接操作的设备，可完成无线帧和有线帧的相互转换。瘦 AP 和胖 AP 是无线 AP 的两种主要形式，其中瘦 AP 需要依赖于 AC 的控制，其功能主要是射频和通信；而胖 AP 不仅具有无线接入功能，同时还具有 DNS、支持 DHCP 服务器等功能，无线路由器就是一种典型的胖 AP。

无线网在智慧校园中的应用，不仅仅是对有线网络的补充和延伸。其作为高校校园网的重要组成部分，具备以下功能：一是智能手机可通过无线网访问校园多媒体教学应用移动平台；二是各种具有 Wi-Fi 功能的手持设备，如笔记本电脑等都可接入无线网，便于用户随时随地访问网络；三是无线网与有线网可实现无缝结合，扩展了网络的适用范围；四是可以为外来使用者提供便捷的网络服务，提高了校园网的灵活性。

在智慧校园建设中，不仅要考虑用户的不同需求和校园的地理环境，更重要的是要保证无线网络信号的无缝覆盖和对非法用户的监测。但就目前高校校园无线网络的建设来说，其仍处于初级建设阶段，不但达不到智慧校园对无线网络无缝覆盖的要求，而且存在大量的网络盲点使无线网络的安全性也得不到保障。除此之外，现阶段校园无线网络的建设还存在以下问题：

①有线等效保密的加密方式给无线网络的安全埋下了巨大的隐患，而且还有部分用户采用了开放式的认证方式，攻击者很容易入侵到校园网络中，这就给无线网络的安全性造成了潜在的威胁。

②因无线网络在建设过程中没有统一的规划，结合胖 AP 的组网模式给网络管理和维护带来了极大的不便。因此，在现阶段智慧校园的建设过程中，应高度重视无线网络的建设，通过构建一个统一、高效、稳定、全覆盖的无线网络，以最大限度地满足智慧校园的建设需求。

多网融合技术在智慧校园中的应用一方面实现了集成管理，保证了网络管理的统一性和有效性，另一方面这种集中式的管理方式提高了管理质量和管理效率。运用多网融合技术在某一校园产生异常事件后，相关的网络以联动的形式对该事件作出反应，采取一致的措施实现各网络间的相互配合。在传统的校园信息化建设中，功能上具有相关性的两个系统之间的网络是相对独立的，如校园视频监控系统与楼宇防盗报警系统，这在一定程度上不利于实现统一管理。而多网融合技术的应用可将原本独立的网络融合在一起，在减少基础设施配置的同时有效地降低了网络管理及网络维护的成本。多网融合技术与智慧校园的结合，使得智慧校园的建设过程更具灵活性，其不仅允许管理系统分阶段建设，同时还可对建设过程进行灵活的调整，将智慧校园建设的成本降到了最低。

第一，无线网络的规划和设计原则见表 3-1。

表 3-1　无线网络的规划和设计原则

类别	内容
实用性	遵循面向应用、注重实效、急用先上、逐步完善的原则；充分保护已有投资，不设计成华而不实的无线网络，也不设计成利用率较少的网络，我们以实用性的原则要求为依据，建设总成本最低（TCO），而有最高性价比的校园无线局域网络
先进性	采用先进成熟的网络概念、技术、方法与设备，反映当今先进水平，又给未来的发展留有余地；充分采用目前国际、国内流行和成熟的技术，保证网络能适应技术的快速发展
可靠性	系统必须可靠运行，主要、关键的设备应有冗余，一旦系统某些部分出现故障，应能很快恢复工作，并且不能造成任何损失
开放性	选择的产品应具有好的互操作性和可移植性，并符合相关的国际标准和工业标准；无论发生任何变化，均能够最大可能性地开放标准
可扩充性	系统是一个逐步发展的应用环境，在系统结构、产品系统、系统容量与处理能力等方面必须具有升级换代的可能，这种扩充不仅能充分保护原有资源，而且具有较高的性能价格比
可维护性	系统具有良好的网络管理、网络监控、故障分析和处理能力，使系统具有极高的可维护性
安全性	必须具有高度的保密机制，灵活方便的权限设定和控制机制，以使系统具有多种手段来防备各种形式的非法侵入和机密信息的泄露

第二，无线网络的设计步骤见表 3-2。

表 3-2　无线网络的设计步骤

设计步骤	内容
进行初步勘察调研	初步勘察调研是整个网络设计过程中的重要环节。通过各种手段和方法来解决网络设计时的五个问题，包括：当前网络使用情况、用户访问网络设备情况、用户访问网络的时间分布、用户访问网络地点、用户使用网络原因
分析网络实施环境	通过对现有的网络、系统、用户之间的相互应用关系的充分理解是此阶段的主要任务，采取切实可行的解决方案，解决它们之间发现的问题
制订设计的初步方案	在此阶段，需要将解决方案进行书面正式化，包括初步设计资料、设计目标、网络拓扑图、数据流图等
深化设计，确定详细设计方案	在深化设计阶段，充分考虑在初步设计评审中提到的所有变化，把所有变化内容综合到详细设计中，确保整体方案不会因初步设计评审中所制订的功能改变而受到影响
执行实施方案	实施阶段是对设计方案以实际行动来实现，按照详细设计方案对人力、物力、资源进行最优化，确保设计方案得到有效的实施，使整个项目达到所确定的目标和要求，实现利益的最大化
项目资料的整理	项目实施完成后，对整个项目期间的所有文档资料进行事理，其主要目的收集记录整个项目的设计、实施和验收等过程的信息，以便于项目后续的工作维护及升级改造

第三，无线网络组网模式的选择。基于无线网络技术和产品的变化，无线网络的组网模式也随之发生了改变。其中胖 AP 模式和瘦 AP 模式是无线网络组网模式的两个典型代表。

首先，胖 AP 模式主要用于无线网络建设的初期，其可满足小规模组网的需求，不仅投入少而且见效快。但胖 AP 模式也存在一定的缺陷，因其集中了无线网络的多种功能，如用户认证、数据加密及网络管理等，所以每台 AP 都需要进行单独配置，一方面不利于实现集中管理，另一方面大量的人力和物力消耗增加了网络建设的成本。

其次，瘦 AP 模式可满足大规模的组网需求，常被应用于无线网络建设的中后期。不同于胖 AP 模式，瘦 AP 模式简化了 AP 的管理和配置等功能，仅将其作为无线数据的收发设备，不仅提高了无线网络的整体性能，还将无线网络推向了规模化的发展道路。无线网络的安全配置和网络管理是瘦 AP 模式的基础功能；除此之外，瘦 AP 模式还被赋予了更多的新功能，包括无线资源管理、无线安全管理、信道自动选择、发射功率自动调整及无缝漫游等。因此，瘦 AP 模式具备较高的安全管理和网络管理能力，从这一层面来说，瘦 AP 模式将会成为无线网络发展的主流趋势，这种基于集中管理架构下的瘦 AP 模式在校园网络建设中的应用可有效地提高无线网络的可管理性和安全性，在满足多种功能需求的同时给网络的运维管理带来了极大的便利。

第四，无线网络的应用方案设计。基于无线网络的特性，其在校园中的应用不仅可实现移动办公和移动教学，同时还为开会、上课及管理提供了便利。在校园中，无线网络不仅可应用于办公大楼、教学楼、教师宿舍、会议室、图书馆、运动场等区域，同时医疗、水电管理、展厅、监控甚至是绿茵过道等都可成为无线网络的普及场所（表3-3）。

表 3-3　无线网络的应用方案设计

类别	内容
教育方面应用	WLAN 可以成为一种多媒体教学的辅助手段，实现教师和学生对教与学的实时互动。高校会有一些大型展览的展厅、学术交流报告厅、会议室，用于组织各种大型活动、展示学生作品、学术交流和会议等，这些场所一般都布有 WLAN，各参与人员走入大厅内就可以随时接入互联网（Internet）。WLAN 的可移动性、可重组性、灵活性为展厅、会议室、学术交流报告厅等提供了方便，并对一些具有临时租用性质的场所提供了盈利空间
医疗方面应用	一般高校都会有校内医院或医疗服务点，通过 WLAN 可以方便地对医院和各个医疗服务点进行联通和管理，及时处理一些急诊问题；医生可以在路上对病人的病情进行初步诊断，做出快速、正确的救治
消费方面应用	对于学校超市、小卖部或流动的服务销售点而言，现金的收付存在一定的风险，给后勤的管理带来一定的难度。如果各支付点能与后勤网络进行连接，与学校一卡通系统进行统一管理，就可以方便实时地进行支付。通过 WLAN 就可以很好地解决这个问题，方便了学生的消费和学校各部门的管理，也提高了服务的效率和质量

续表

类别	内容
水电管理方面应用	如何对校园内的各水电表进行方便的监测、抄表和收费，这是学校后勤部门的一个"老大难"问题。WLAN 能监测并记录各水电表的运行情况，给中心监控机房提供实时的监测数据，也能够读取各水电表的读数，配合相应的计费软件，能快速地统计出水电费用，省时省力
监控方面应用	随着校园人流量的不断扩大，给校园的安全带来了一定的压力，在校园内增加监控点是必须的，但传统的监控增加的费用较大且耗时耗力，而 WLAN 则易于布设，省时省力，对速率要求不高的校园监控提供了有力的帮助

（2）无线网络安全与管理

在校园无线网中，网络的安全尤为重要，一方面是因为无线网络使用的是开放性媒介，如果没有加密保护，就极易被攻击者入侵；另一方面是由于无线网络的数据信号传输是以公共电磁波为载体，通信双方没有线缆连接，增加了数据传输的风险。基于此，IEEE 802.11 采取了认证和加密两个安全机制，以增强无线网络的安全性。首先，认证机制主要是通过身份认证以限定网络资源的使用群体，只有授权用户才可进入网络；其次，加密机制主要是针对传输过程中的数据，通过对其进行加密处理以使网络数据只能被特定的用户所接收。接入安全、信息传输安全及设备安全是无线网络安全的三个主要内容。

第一，接入安全。用户在使用无线网络时需先通过接入认证，在完成用户认证和合法用户授权后，方可进入网络。因此，接入安全是无线网络的第一道保护闸。MAC 地址认证、Web Portal 认证、IEEE 802.IX 认证是目前常用的三种接入认证方式。

首先，MAC 地址认证是一种二层网络接入认证技术，其在控制用户访问网络权限时不需要借助任何客户端软件，通过端口和 MAC 地址便可完成用户认证操作。当用户端接入网络后，交换机会在第一时间内检测到用户的 MAC 地址，然后会自动开启用户认证操作，如果该用户属于合法用户，系统会显示认证成功，允许其进入网络；但如果该用户不在授权范围内，系统会将该用户的 MAC 地址转为静默状态，当此 MAC 地址在静默时间内再次接入网络时，系统便会直接丢弃该用户的报文，以免此非法 MAC 在短时间内进行重复认证。

其次，Web Portal 认证是一种三层网络接入认证，其需要用户在特定的站点输入用户名和密码才能完成认证，也就是说在认证之前，用户首先要获取相应的 IP 地址。当用户端接入后，设备会强制跳转到特定的站点，通过登录用户可以浏览这个站点上的免费内容，但当用户需要使用互联网资源时，就必须要通过认证。具体的认证过程是：客户端基于 DHCP 协议获取到特定的 IP 地址，但是这个 IP 地址仅限于访问 PORTAL 服务器，用户在登录到 Portal Server 后，可以免费访问其中的服务，包括广告、新闻等。通常情况下，采用 Portal 认证的客户机都具备这一能力，无法实现时可修改客户机的访问控制表。当用户需要使用互联网的其他信息时，就需要在门户网站输入用户名和密码，Portal Server 在收到由 Web 客户端应用程序传来的用户名和密码信息后，便会得到相对应的 IP 地址，以此为索引完成用户标识，用户的认证是通过 Portal Server 与 NAS 之间的交互而实现的。基于 Portal 协议，Portal Server 与 NAS 之间可进行直接通信，然后再由 NAS 与 RADIUS 服务器之间进行通信完成用户的身份认证。通常采用的是 CHAP 式认证，以提高用户认证过程的安全性。

最后，IEEE 802.1x 认证主要用于连接端口和 Cisco Catalyst 交换机等其他设备的客户端认证。这种认证方式通过端口网络接入控制协议，即 IEEE 802.1x 协议便可对所接入的用户设备完成身份认证，进而控制其对网络资源的访问。鉴权服务器是 IEEE 802.1x 认证和授权的主要媒介，整个认证过程主要是借助三个系统而实现的，即请求者系统、认证系统、认证服务器系统。IEEE 802.1x 认证不仅可以进行用户身份的自动识别，还具备鉴权、密钥管理及 LAN 连接配置等一系列功能。

多样的网络环境，使得不同客户端所支持的认证方式是不同的，因此就需要在接入用户的端口上统一部署多种认证方式，以满足不同用户的认证需求，提高网络认证的灵活性。用户在接入端口后，可选择一种自己所支持的认证方式进行身份认证，在通过后即可进入网络访问资源。在智慧校园建设中，与高校现有网络管理流程最相适应的认证技术为 IEEE 802.1x。作为智慧校园无线网接入认证方式，该方式在操作上稍显复杂，但是安全性要远远高于其他类型的认证方式，更加适合高校智慧校园这样的环境使用。用户需要认证通过后才能获得 IP 地址，因此采用 IEEE 802.1x 不仅可以节省大量的 IP 地址，而且可以拒绝非法用户的试探性连接，提高了网络的安全性。

第二，信息传输安全。无线接入认证技术只是使没有授权的用户无法接入无线网络。如果数据没有加密，很容易泄露信息内容。信息传输安全主要依靠数据加密，在智慧校园建设中经常被采用的数据加密技术主要有 WEP、WPA、WPA2 和 WAPI 加密等。

WEP 是 IEEE 802.11b 标准里定义的一个用于 WLAN 的安全性协议，被用来提供和有线网相同级别的安全性。WEP 对在两台设备间无线传输的数据进行加密，用以防止被侵入，是一种相对较弱的加密技术，较易破解。但 WEP 使用了 RSA 数据安全性公司开发的 RC4 Ping 算法，使用了该技术的无线局域网，所有客户端与无线接入点的数据都会以一个共享的密钥进行加密，密钥的长度有 40 位和 256 位两种，密钥越长，就需要更多的时间进行破解，因此能够提供更好的安全保护。当校园网用户采用 MAC 地址认证接入时，访问安全级别要求较低的校园网应用可以选用 WEP 加密方式。

WPA（Wi-Fi Protected Access，Wi-Fi 保护接入）是由 Wi-Fi Alliance

（Wi-Fi 联盟）所提出的无线安全标准，分成家用的 WPA-PSK（Pre-Shared Key）与企业用的 WPA-Enterprise 两个版本。WPA 原理为根据通用密钥，配合表示电脑 MAC 地址和分组信息顺序号的编号，分别为每个分组信息生成不同的密钥。然后与 WEP 一样将此密钥用 RC4 加密处理。通过这种处理，所有客户端的分组信息所交换的数据将由各不相同的密钥加密生成。WPA 还具有防止数据中途被篡改的功能和认证功能。WPA-PSK 使用方法与 WEP 相似，其进入 WLAN 时采用更长词组或字串作为网络密钥，同时 WPA-PSK 运用了临时密钥完整性协议（TKIP）技术，比 WEP 更难被破解而更加安全。WPA-Enterprise 采用了远程用户拨号认证服务（RADIUS）技术，每个客户会自动得到唯一的密钥，密钥很长并且每隔一段时间就会被更新。因此，WPA-Enterprise 与 WPA-PSK 相比更为安全便捷。

WPA2 是在 WPA 的基础上出现的更高的安全标准，也就是 IEEE 802.lx 无线网络标准。同样有家用的 PSK 版本与企业的 IEEE 802.lx 版本。它使用更安全的加密技术 AES（advanced encryption standard，高级加密标准），因此，比 WPA 更难被破解、更安全。

WAPI 的全称是无线局域网鉴别和保密基础结构，其作为一种安全协议是中国无线局域网安全的强制性标准。WAPI 的主要特点是采用基于公钥密码体系的证书机制，通过椭圆曲线密码算法和分组密码算法，真正实现了移动终端与 AP 间的双向鉴别。WAPI 协议的应用可有效地解决目前多种安全机制并存但互不兼容的问题，其通过对传输数据的加密和解密、密钥的协商及 WLAN 设备的数字认证等以实现局域网状态下的各种安全保护，如身份鉴别、访问控制、链路验证及用户信息的加密保护等，进而保证了无线网络的安全性和兼容性。单点式和集中式是 WAPI 两种不同的应用模式。

目前的主流设备厂商（国内：华为、锐捷、中兴、H3C；国外：Cisco、

Aruba）大都支持上述的多种加密方式。例如，H3C公司的无线产品支持WEP加密、TKIP加密、CCMP加密、WAPI加密等加密机制。对于校园网用户而言，无线网络方案设计中往往采用WPA或者WPA2这两种数据加密模式来保证信息传输安全。

第三，设备安全。设备安全指的是无线设备（如AP、天线）的安全，由于无线AP大部分架设在室外、走廊、墙壁上，需要注意防雨、防雷、防风、防盗，采用保护网罩、加固等方式确保物理安全。为了保证无线用户和整个校园网络的安全，仅仅保证接入点的安全是远远不够的，还需要从网络用户终端入手，通过安全客户端、安全策略服务器、网络设备及第三方软件的联动，以整合网络接入控制和终端安全产品，以强制手段对接入网络的用户终端设施安全策略，在加强用户终端主动防御能力的同时对用户终端的网络使用行为进行严格控制，进而达到了保护网络安全的目的。

第四，无线网络控制器。传统的无线局域网控制模式是由AP与客户端直接相连达到网络的其他位置，不论是无线射频信道的使用还是各种安全策略的执行都是由AP进行管理。这种模式下的无线局域网架构是以AP为中心，其既作为802.11的基本服务集，又充当该服务集的集线器，但当无线网络的范围较大时，多个AP的部署一方面会给AP的管理配置造成困难，另一方面还会影响各无线客户端的监控和服务质量。

而新型的无线网络控制架构则将AP的功能进行了简化，一部分由中心设备无线网络控制器（WLC）负责，包括客户端的关联和漫游、对客户端的认证、授权、计费等，同时还能自动调节AP的发射功率、自动分配频段，实现了对射频资源的统一管理。而另一部分功能则由AP在802.11的MAC层同无线客户端直接交互，包括信标和探针消息、RF发送和接收等，简化后的AP被称为轻量级无线接入点，即LAP。借助有限网络，WLC和LAP可实现相互连接并在此基础上建立一条用于传输与 IEEE 802.11 相关的消息和客户端数据的隧道，数据在传输的过程中会进行封装处理，以 IP 分组的形式完成传输。基于此，可通过跨交换机或跨路由的方式部署 LAP 和 WLC，以实现集中化的控制管理模式，一方面有利于全面地了解无线网络状况，另一方面可以降低运营、管理及维护的成本。此外，基于 WLC 较强的无线网络管理能力，校园网网管用户可直接在原有的有线网络管理系统中添加无线管理功能，以实现平台的统一部署和管理，进而降低网络的管理和维护成本。无线网管系统主要具备以下功能：

①可进行设备的集中配置并自动下发配置信息；

②可实现设备、资源和用户的统一管理；

③具备状态检测、故障告警、远程诊断和系统性能监控的故障管理功能；

④具备信号冲突避免、频谱分析、信道分析、信道干扰的无线射频管理功能；

⑤具备流量监控、记录、分析和带宽分配与管理的性能；

⑥具备用户信息配置、用户状态检测记录、用户的资源占用率检测记录的功能。

增加 AP 数量是目前常用的一种缓解 WLAN 建设过程中容量问题的方法，可在一定程度上提高用户的接入数量，但这种方式又极易导致统一信号频道的重叠覆盖，造成 AP 在同一频点产生相互干扰。因此，在 WLAN 建设过程中，可通过适当地重用频率集以实现频率的重叠使用，一方面可以有效地解决频率有限的问题，另一方面还可以最大程度地降低干扰，提高网络的容量。

在校园网中，大量的网络同段 AP 都工作于 2.4GHz 频段，而且在 Wi-Fi 工作频段开放的情况下，2.4GHz 频段中除了 3 个信道以外其他的都是重叠的信道，不仅频点资源紧张，还极易产生相互干扰。因此，在建设智慧校园的过程中，应选择 5.8 GHz 频段作为高校无线局域网的使用频段，这样既可以避免同一频点的相互干扰，又可以最大限度地提高用户的接入数量。但此时校园网中就会有两个频点不同的频段，在使用中不能保障信号覆盖范围的一致性，对此，就需要使 5.8 GHz 频段的 AP 采用密集部署的模式，解决该频段的覆盖面积问题，同时还需要进行定期检测，实时定位检测到的干扰源，通过消除非法 AP 以排除干扰，从而有效地缓解 2.4 GHz 频段的干扰和重用现象。除此之外，还应着重关注干扰较为严重的区域，通过采取针对性的屏蔽措施以有效地提高高校 WLAN 的网络质量。

（3）无线 PoE 供电设计

PoE（power over ethernet）供电是指现有的以太网 CAT-5 布线基础架构在不用做任何改动的情况下，借助一根常规以太网线缆在传输数据的同时供应电力，从而保证该线缆在为以太网终端设备（如 IP 电话机、无线局域网接入点 AP、安全网络摄像机以及其他一些基于 IP 的终端）传输数据信号的同时，还能为此类设备提供直流供电的能力。目前业界主要有 PoE（IEEE 802.af）和 PoE+（IEEE 802.at）两种标准，每个 RJ-45 接口上提供 48 V 的输出电压。

AP 正常运行需要使用不间断电源以满足其电力供应的需求，但如果给每个 AP 配一个不间断电源并安装电源插座，则会造成成本的大幅增加。而 PoE 设备的应用可有效地解决这一问题，其原理是通过非屏蔽双绞线中四对线中的两对线来传输电源，既保证了 AP 运行的电力供应，还实现了数据的传输。在使用 PoE 设备的情况下，一个不间断电源便可保护所有的 AP，也可通过一根使用 RJ-45 接口的网线将 AP 端与网络连接即可同时传输数据和电力。

3. 传感网

作为一个综合性的信息服务平台，智慧校园不仅可以为教师和学生提供有效的信息资源采集服务，还能为其创建一个最佳学习、工作和生活互相协作的环境。通过开放、创新、协作和智能的方式实现了教师和学生最大程度地互动及教学资源最大范围的共享，为教师、学生及管理者提供了便捷的服务。在智慧校园中，分散在校园各个角落的传统设备也利用传感器技术连接起来，组成特殊的传感网络接入校园网，实现食堂、实验室、图书馆、供水供暖系统、安保系统的互联互通，使校园管理更加流畅、高效。校园网用户利用射频识别（RFID）技术可以自动识别并获取目标对象的相关数据，共享不同地理位置传感器提供的信息，实现实时监控校园及周边环境，防范火灾等危害的发生，确保校园的安全，所以传感网对智慧校园建设而言是一个重要的工程。

4. 视频监控网

随着高等教育事业的发展，高等教育规模扩大，校舍扩建、多所院校合并使高校建设进入了一个高速发展期。安全管理规范制度不健全、安全防范意识差、安全管理人员的匮乏及人员的流动性增加等都对高校的安全有着不利的影响，传统的人防、物防等措施已远远不够。而校园视频监控系统集安全防范、防盗报警、考场监控、综合管理等多项功能于一体的特性使其在全国各地高校得以普及和推广，为校园的安全防范管理提供了较为完善的解决办法。

（1）视频监控服务器端设计

在智慧校园建设过程中，网络视频监控获得广泛应用。利用网络视频监控服务器构建校园监控系统，监控系统支持多种有线介质、无线传输介质，并可实现大量的集成功能，可在系统中实现传统防盗报警联动、视频矩阵切换、远距离信号传输、远程设备控制等功能，整体性能非常好。网络摄像头采集的视频监控图像经过信号的传输、接收、画面呈现的设备可分布在校园内的任意地点，监控系统依托于校园网进行数据计算，可以发挥校园网上高性能计算机的强大运算能力，保证校园安全。

第一，视频监控系统。在智慧校园视频监控网的建设中，一般需要考虑学校的校园周边环境、校园范围、教学楼群布局、网络软硬件情况、系统建设经费等，通常把系统设计为 C/S 工作模式，即客户机 / 服务器工作模式，包括客户机端、服务器端和数字传输网络三部分。

首先，客户机端包括校园网用户使用的 PC 机、笔记本电脑、PDA、手机等终端设备，主要为用户提供校园安全监控操作与浏览功能，是请求的发起点，用户也可以在客户端上检索视频文件信息，发送视频播放请求，控制视频播放的进度。

其次，服务器端多采用分布式系统，包括数据采集平台、流媒体服务器、数据存储平台和管理平台等分布式服务器集群。服务器端大多拥有异常情形监测报警功能。客户机端与服务器端通过校园网络连接传输视频监控数据。为了保证摄像机的监控视频流准确、稳定地通过校园 IP 网络传输至服务端存储与浏览终端监控，视频监控服务器一般都具有一种或几种视频压缩功能。

管理平台是对流媒体服务器上视频文件进行管理的后台系统，主要将上传的视频文件信息保存到数据库中，方便视频信息检索。管理员可以对视频文件进行维护，及时更新、删除，并可以对用户进行管理，维护系统的安全。管理平台软件多采用 Web 形式，管理平台软件负责对分散监控场所、不同类型数字图像设备进行统一的整合，Web 形式更适用于智慧校园这种大中型网络环境。智慧校园内的视频监控管理平台不但要具备传统视频监控的所有功能，还需增加一系列相关软件（如中心集中配置、流媒体转发、嵌入式代理、分布式存储集群管理等），使其成为完整的大型网络视频与报警管理平台。

最后，数字传输网络涵盖了校园内的有线网、无线网和传感网。具体采用何种数字传输网络，要根据视频服务器端的部署情况确定。

第二，流媒体技术。流媒体技术的概念是指在互联网中利用 TCP/IP 协议栈进行网络通信，利用多媒体技术进行数据收集并实时连续播放的流式传输技术。在流媒体技术中，媒体文件不是完整的送达目的端，而是以流的形式连续的传输，数据流随时传送随时播放，只是在开始有一些延迟，流媒体实现的关键技术就是流式传输。流式传输广义上定义为把视频和声音信息发送到网络服务器上的技术，狭义上定义为把音频和视频信息通过互联网发送到计算机上的技术。一个视频采集端服务器将采集的视频分组成网络包，传送到网络上，客户端通过解压设备对这些数据进行解压组装后，将数据原样显示出来。网络音视频技术和移动通信技术的发展进步推动了流媒体技术的提升，给流媒体技术提供了技术保障，其中就涉及流媒体技术从数据的采集到播放整个过程。

第三，流媒体服务器。流媒体服务器的功能是将视频文件以流式协议传输到客户端，供用户在线观看，这些流式协议主要有 RTP/RTCP、MMS（串流媒体传送协议）、RTMP（实时消息传输协议）等，也可以接收从视频采集器、压缩软件等接收的实时视频流，再将视频流以流式协议的方式发送给客户端，实现实时视频传输。流媒体服务器主要由 RTP 数据打包发送模块、RTSP 通信交互模块、RTCP 控制模块等功能模块组成，各模块分析如下：

首先，RTP 数据打包发送模块，主要是对编码后的数据流进行打包，封装成 RTP 数据包，通过 Socket 发送到网络上。RTP 的典型应用建立在 UDP 上，但也可以在 TCP 或 ATM 等其他协议之上工作。

其次，RTSP 通信交互模块，RTSP 并不传输数据，其作用相当于流媒体服务器的远程控制，用来协调控制会话，客户端通过用户授权并和服务器进行 RTSP 交互后，才可以进行数据传输。

最后，RTCP 控制模块，它负责对 RTP 进行控制、同步、提供数据发布的质量反馈，并根据反馈信息动态地调整数据的发送速率，防止网络阻塞。

流媒体服务器是实现校园网络视频实时监控的重要部分。它主要用来处理客户端的请求，将经过压缩编码的视频信息传输到用户端，这个功能由流媒体服务软件完成。流媒体服务软件的主要作用是将视频数据流进行 RTP 封装，并接收和处理用户请求，将视频信息实时地传输到用户端。在视频传输的过程中，流媒体服务软件根据客户端反馈的网络状况信息对视频帧率进行调节。流媒体服务软件主要由四大部分组成，分别是主控制部分、RTP 部分、RTCP 部分及 RSVP 部分。其中，RTP 实现模块主要完成将视频数据流打包加上 RTP 包头，传输给用户端。RTCP 实现模块每隔一定的时间间隔便产生 RTCP 数据包，对远程客户端的请求做出响应，并依据客户端反馈的网络状况随时调整网络服务性能。RSVP 模块主要用来保证视频流传输的服务质量。

（2）视频监控客户端设计

视频监控客户端软件指安装在校园网用户使用的 PC 机、笔记本电脑、PDA、手机等终端设备上的应用软件。客户端软件能够为用户提供一个可视化的操作界面和视频播放的平台，完成与管理平台服务器的通信，接收流媒体服务器的视频数据并进行播放。随着手机业务不断兴起，校园内视频监控的终端逐渐由 PC 端转向手机、平板等更为轻便和便携的终端。随着校园内 WLAN 网络的大规模部署、业务量的不断广大，以及网络质量的不断提高，网络速度变得更快，带宽更大，传输数据量速率上有着明显的提升，这一切都使得在手机终端上实现视频监控客户端成为主流。

第一，校园视频监控 App。客户端上安装 App 软件后，在提供的功能界面上进行在线注册，视频监控系统会根据用户的类型提供相应的操作界面。视频监控系统将操作用户分为管理员用户和普通用户。管理员用户可以在客户端软件上对注册用户进行增加、删除、查询等操作，也可以对视频文件进行修改和删除。由于手机客户端的存储容量小，一般不在客户端上做视频上传的操作，该操作将在管理平台服务器的后台管理系统上进行补充。普通用户则只拥有对视频文件信息的浏览、查询权限，在用户登录以后，则可以对视频文件进行播放。客户端上还提供了对流媒体视频数据的接收，用户不用再安装其他的视频播放器，用户点击播放后，客户端将会发送请求到流媒体服务器上，流媒体服务器会对视频文件进行编码、压缩，传送到客户端后，客户端会调用 Android 或者 iOS 操作系统提供的接口对视频数据进行合并、解码、播放，这些过程对于用户是透明的，用户操作非常简单。

视频监控部署在 Android 智能手机上，通过用户操作的界面，可以实现对监控视频的随时查看，以及设备的控制、信息查询与配置等，还可以进行语音通话，方便相互及时沟通。视频监控 App 在设计中主要有以下过程（表 3-4）：

表 3-4　视频监控 App 的工作过程

类别	内容
用户登录模块	使用 App 软件前需要用户登录注册，用来核查用户的信息。校园网用户使用 RFC 3261 中定义的方法进行 EGISTER 注册登记。为了保证视频监控 App 与服务器会话间的实时性和持久性，交互的双方需要长时间保持链路活动的状态，因此需要每隔一定时间不断地向服务器端发送心跳包。在用户发送自己的用户名和密码时，为了用户的安全性，进行了 MD5 加密。MD5 是一种散列函数，输入两个不同的明文会得到不相同的输出值，并且从输出值无法得到原始的明文，即其过程不可逆，其在安全上有着一定的保证。此外，无线电发射功率的差别影响读写器作用距离

类别	内容
设备列表模块	当用户通过验证，成功登录后，界面上有设备列表界面，通过这个界面用户可以知道自己的权限，即用户可以了解到自己名下所拥有的设备信息。每一个设备信息占一行，呈线性排列，上面有设备的名称，以及开启与否的状态。用户可以有权利对这些设备终端进行操作，如果在这个设备的名称前已经勾选，则表示它在开启工作状态，可以对它进行远程视频请求，方便快速查看远端的情况。还可以进行语音双向即时通信，一旦发现视频中有问题，就可以同时语音快速通信
视频播放模块	在视频播放模块中，需要设备监控端和服务器平台共同参与完成。首先音视频软件发起视频播放请求，服务器平台收到请求后，向监控视频采集端转发请求，采集端收到消息后，将视频数据上传，再通过服务器平台转发到音视频软件端，音视频软件端将接收到的数据，即 RTP 数据包，排序解析，得到具体视频数据再推送到 FFmpeg 库中进行解码，最后将解码后的数据流推送到手机上进行显示
语音通话模块	语音通话模块采用 G.711 编解码。按照语音通话模块的实现进程进行划分，音频通话模块大致可以划分为音频数据的采集、音频数据的编码、RTP 实时传输、语音数据接收、语音解码以及播放等部分。Android 系统通过自身所带的麦克风进行数据采集原始的音频数据，即 PCM 数据，再进行相对复杂程度较低的 G.711 编码，可以减少资源相对紧张的手机应用开销。然后再将这个编码后的数据流进行 RTP 封装，接着实时发送出去。在发送的同时也实时接收着 RTP 数据包，通过 G.711 转码，得到原始的音频码流，让手机自带的麦克风播放出来。语音通话模块相对于视频播放模块而言，在信令的交互上和数据传上是同时进行着的，而且每一个用户都有一个唯一的电话号码
资料查询模块	在查看视频监控的画面时，有时候会对一些画面进行保存，在需要时进行反复查看。资料查询模块还可以查询本地的文档图片等其他的信息。如果有新增加的一些功能也可以扩充到这个模块中来。再经过编码、解码后，命令响应单元将读取结果返回到应用系统

第二，Android 应用开发。Android 系统在短短几年的时间里，已发展成为使用率最高的移动端操作系统，不仅为 Android 系统的开发者带来了便利，更为 Android 平台的使用者带来了更好的体验。而这一切都要归功于 Android 系统自身所具有的优秀特征。Android 系统不仅有多线程模式，还有无缝结合的谷歌应用及网络应用；除此之外，开放性和丰富的硬件选择也是 Android 系统的显著特征。

首先，Android 操作系统是一款开源操作系统，是基于 Linux 平台而建立的一个开放体系架构，该架构主要包括操作系统、中间件、用户界面和应用软件四部分。在结构设计上，采用的是软件叠层的方式，这样，一方面使得层与层之间相互分离，另一方面还有效降低了上下层之间的耦合性。

其次，Android 应用开发组件。Activity、Content Provider 内容提供者、Service 服务及 Broadcast Receiver 广播接收器是 Android 系统的四大基本组件。

最后，Android 视频监控客户端设计。一般采用 eclipse 3.4、Source Insight 3.5 开发工具、基于 Open- Core（Android 多媒体框架）的 Android SDK1.5 等软件编程工具完成系统开发工作。界面基于 Android 的 GUI 系统的 Video MonITor 类实现。此外，为了让用户界面显得大方简洁，并且操作上又容易上手，则使用 Android 的 UI 资源，既可以让界面十分美观，又可以提高代码编写效率。

（3）智能视频检测技术

在校园视频监控网上的服务器端大多拥有异常情形监测报警功能，这些功能与数字图像处理技术相结合形成了各式各样的智能检测算法，这些就是智慧校园的视频检测基础。以下探讨常见的校园智能视频检测应用。

第一，基于视频监控的图书馆座位管理。环境舒适、资料齐全的图书馆是高校学生日常学习的主要场所，同时也是大学生查阅资料的首选之处。但学生在图书馆中寻找座位所花费的时间较长且存在大量的占座现象，这主要是因为图书馆的座位分布并不是集中的大片区形式。基于此，各高校图书馆开始关注座位管理，通过开发不同的座位管理系统为读者和管理者提供便利。

视频监控采集系统是一种基于视频监控网而建立的座位自动识别系统，通过图像识别技术以采集图书馆座位的使用情况，进而实时更新图书馆座位区域的使用状态，提高图书馆座位的利用率。完善的图书馆座位管理系统不仅可以满足读者座位预约的需求，同时违约处罚的功能还可以有效地解决高校图书馆占座的问题。

视频监控采集系统与校园卡系统的结合可实现图书馆座位的自动管理。读者可通过网络提前预约图书馆座位，也可用校园卡在现场刷卡选座，当读者就座后，视频监控采集系统便可检测到该座位已被使用，进而完成座位状态的自动调整。读者离开座位后需进行刷卡确认，此时系统便会将该座位调整成空闲状态，释放座位资源以便后续用户使用。

系统的硬件构成主要包含三部分：首先，座位管理终端机分布在每一个座位集中区域，其是系统对外的门户，主要分布在图书馆各个角落的座位管理及信息更新节点。座位管理终端的功能主要是进行座位状态的实时发布，供读者刷卡选座、刷卡离开等。其次，视频监控系统相当于整个系统的情报中心，其功能在于采集座位管理系统中的信息。视频监控系统安装在座位区域的两端，主要是由两台为一组的高清网络摄像头组成，通过网络将视频监控系统与服务器连接在一起，由高清摄像头捕捉座位区域的实时图像信息，从而将其传输到座位管理系统服务器中。最后，座位管理服务器相当于整个系统的大脑，其主要负责整个座位管理系统的信息处理和发布。图像识别系统、座位使用情况数据表、读者座位数据表及座位状态数据表是座位管理服务器的主要组成部分。其中，图像识别系统是利用图像识别技术读取视频监控系统传回的图像信息，进而通过分割以获取图书馆座位的实际使用状态，并将最新的座位状态记录到座位使用数据表中；而读者座位数据表则是用于记录读者座位预约及使用情况，通过对比座位使用数据表和读者座位数据表中的信息便可判断读者的违约情况，生成违约记录；座位状态数据表则呈现的是当前座位的最新使用状态，其与座位管理终端实时同步，从而方便读者选择座位。

第二，基于图像分析的考场视频监视系统。在各类考试中，为保证考试的公开、公平、公正，避免因监考不利而出现舞弊、抄袭等现象，通常会采用视频监控技术以对考试的全过程进行记录。但传统的"电子监考"不仅会给电子监考人员带来极大的压力，还会造成考试成本增加，达不到理想的效果。

此外，使用摄像头来采集实时视频，对视频序列图像进行初步分析处理来提取目标信息。运用背景减除法等算法从视频序列图像中检测运动目标。预先建立好基于人头部的训练分类器，以减少数据处理量，提高视频处理速度。通过事先预定的作弊特征，基本确定作弊目标，并做出初步处理，标定出人头部区域，通过人体比例模型得出该考生上半身区域，为后续判断是否有转身幅度过大、肢体动作异常以及头部偏转角度过大等作弊疑似行为做依据。

采用了多窗口的 HOG 检测改进算法，在满足考场检测需要的同时解决单窗口检测耗时增长的问题。此算法是基于图像划分规则，采用一组检测窗口对应一个 SVM 分类器的方法对不同的检测窗口进行分区域检测。这种方法通常适用于小目标检测，是运用了混合高斯背景建模法与肤色分割定位相结合的检测作弊行为方法，具体的检测步骤如下：首先，利用混合高斯背景建模法形成运动前景图像，并将其与考生的位置相结合完成考生目标的提取；其次，利用肤色分割定位法提取考生的关键部位，如脸和手等，同时对运动方向进行定位；最后，基于学生行为判定准则来判断学生的行为是否属于作弊行为。

第三，校园内运动目标异常行为检测与识别。校园安全与每个师生、家长有着切身关系，如何保障广大师生和社会人员在校园内的安全一直是社会关注的热点问题。校园作为典型的公共场所，主干道路上人流量大，混合交通现象比较普遍，极可能造成一些异常状况，例如，交通事故、人群拥堵等事件。这些事件持续时间短，造成的危害大，它们的发生会扰乱正常的校园秩序，对校园安全造成影响。

校园环境下的异常行为各式各样，具有非常强的场景相关性，且缺乏明确的定义和界线，需要由场景的上下文以及应用背景共同定义，因此异常行为的检测与识别具有非常强的挑战性。定义相对具有普适性的异常行为让系统具有较强的适应性是非常困难的，且在智能视频监控过程中，发生在场景中需要关注的异常事件一般只占整个监控过程的很小一部分时间或区域，因此可以对某些具体的异常事件进行分析、描述、定义和建模。

在校园安全监控系统中，对异常事件进行检测往往是系统的重要目的，如校园交通监控中车辆的违规行为、教学公共场所人群中的异常紧急事件等。这项研究具有非常重要的意义，不仅可以减轻监控中心工作人员的工作量，还可以实现实时监督，提高异常事件的处理效率。首先，校园中需要监控的范围是极大的，如果只依靠工作人员不间断地观察监控视频发现异常事件，则是不可能的；其次，目前使用的视频监控系统只是发挥了摄像机的作用，其只能记录而不能在异常情况发生后及时报警，这就错过了处理异常事件的最佳时期。因此，校园安全监控系统的自动检测具有潜在的研究价值。

无法利用通用模型来识别校园异常事件，一方面是因为校园异常事件具有难以预测和微妙而不易察觉等特性，另一方面是因为其很少发生且异常事件之间可能存在很大的差异，没有充足的训练数据支撑。因此，目前所采用的相似性度量仅适用于离线检测异常事件的情况。其中对于图像和视频中不规则性问题的检测只能依赖于当前视频库中的数据块，而无法将数据库中的大邻接块数据组成的新观察数据视为异常。因此，这种方法具有一定的局限性，可能对于简单的图像和视频较为有效，但若要将其运用到真实校园场景的观测中，则是不合适的。

二、智慧校园的物联网技术

物联网的应用不仅是推动智慧化校园进一步发展的有效途径，同时其作为一种先进的现代化信息技术，更是受到了世界各地的高度重视。对于高校来说，其信息化建设正处于由数字化校园向智慧校园转变的关键时刻，而物联网的出现一方面加快了高校信息化建设的进度，另一方面其作为现阶段中各高校和科研机构的研究重点，在智慧校园的建设过程中起着至关重要的作用。

物联网是一种基于现代信息传感设备而构建的包含所有用户的物联空间，其所涉及的技术和装置主要包括射频识别技术、红外感应器、激光扫描器及全球定位系统等。作为物联网运行的基础，物联网与物品的连接是形成物联网这个庞大网络架构的核心。换句话说，物联网其实就是一种物与物相连接的网络，在这个网络中，人们可借助网络设施以实现物品的自动化辨别和资源共享。这在一定程度上不仅可以有效地解决物品管控和辨别难的问题，还可以为相关工作的开展提供极大的便利。作为沟通现实和虚拟的桥梁，物联网的构建为物与物、人与物及人与人之间的联系与交流提供了有效的途径。基于此，互联网被广泛应用于多个领域，且其具体的功能和效用主要体现在以下三方面：第一，互联网可同时实现目标的辨别及信息的提取；第二，互联网可实现目标的智能监控和跟踪；第三，互联网可有效地监督并控制操作环境。

（一）校园物联网分析

现阶段，大部分高校都已完成了数字校园网的构建。但是随着高校信息化的不断发展，不论是高校的办学规模还是高校的学生和教职工数量都在不断的扩大，数字校园网中客户终端的用户数量也呈现出日益增长的趋势，这在一定程度上为校园的信息化建设带来了安全隐患，同时高校的信息化发展速度越来越快，那么如何提高管理工作的效率就成为制约高校信息化建设的关键因素。而构建校园互联网不仅可有效地解决这一问题，同时借助现代校园网络技术还可加速高校智慧校园的建设进程。

（二）智慧校园中物联网技术的应用

第一，一卡通管理。一卡通的使用方便了学生的学习和生活。其具体作用主要体现在以下两个方面：

①一卡通作为学生日常饮食消费的载体，一方面简化了现金支付的流程，另一方面为学生的日常饮食提供了保障，如当学生手机没电或出现故障时可以通过一卡通进行支付；

②一卡通还可作为学生和教职工的身份识别器。目前大多数高校都在重要区域，包括宿舍、办公楼及图书馆等设立了感应点及门禁系统，学生和教师只有凭借一卡通才能自由进出。这种一卡通门禁服务不仅保障了在校师生的人身安全，还推动了高校的智能化管理。

第二，教学工作管理。物联网技术在教学工作的应用主要体现在日常教学和图书馆管理两方面。首先，物联网技术与课堂教学的结合可有效地提高教学质量。相比于传统的老师教、学生听的被动式教学，互联网的加入有利于构建高效课堂，为学生创设一种身临其境的学习环境，进而在激发学生学习主动性的同时使教学效果最大化；其次，物联网技术在图书馆中的应用，不仅可以实现图书馆的智慧化管理，还可以增强人与人、人与书及书与书之间的联系，进而提升图书馆管理工作的有效性。

第二节　智慧校园建设中的云计算与大数据技术

一、智慧校园建设中的云计算技术

从广义的角度来说，云计算通常是指包含计算服务器、存储服务器及宽带资源等在内的大型服务器集群，存储于这个集群中的虚拟计算资源实现自我维护和管理；从狭义的角度来说，云计算通常是指可提供资源的网络，在这个"云"网络中，信息和数据资源不仅可实现无限扩展，同时还可根据需要随时获取，随时使用。

云计算在教育领域中有着巨大的应用价值，也因此得到了国内外众多教育机构的认可。在教育领域，云计算技术的应用可推动高校的信息化建设，同时由 Google 公司提供的在线云计算服务还可大幅度地降低高校在软件开发与维护等方面的成本。正因如此，国外的很多教育机构，尤其是英国的一些高等院校开始将云计算引入日常教学中，其中就包括英国的伦敦大学、皇家理工学院、格拉摩根大学及阿伯丁大学等。借助由 Google 公司所提供的在线云计算服务，包括邮件 Gmail、Google 日历、Google 文档等，可满足校园用户的不同应用需求。

（一）基于云计算平台的智慧校园的架构

在智慧校园建设中，云计算的应用改变了传统的虚拟部署方式，将备份服务器系统直接架构在了物理系统之上。其中云计算平台备份系统不仅实现了云计算平台的备份，更实现了整个应用的备份。其核心部分包括以下方面：

第一，云计算服务器系统云。在整个云计算平台中，云计算服务器系统云相当于是一个统一的资源池，而构成这个资源池的系统主要包括内存、网络资源池及存储池等。这一部分的特点主要是高效可靠、灵活稳定、快速便捷。云计算服务器系统云的主要功能在于灵活地分配和调整应用资源，而这一功能的实现主要依赖于服务器系统云中的高级功能资源平衡调度器，此外，这一部分还可以实现虚拟机的在线迁移，从而起到节省电源的作用。

第二，云计算存储云。它主要用于支撑服务器云的核心数据。具体包括两部分：一部分用于存储外部数据库系统的数据；另一部分主要用来管理云计算平台中的存储池。

第三，云计算平台管理中心。这一部分是构成云计算平台的核心，其中平台管理服务器作为云计算平台管理的中心服务器，通常采用的是机架式结构。云计算平台管理中心所涉及的内容包括整个平台的工作，如计算资源管理、资源调度、虚拟主机及集群管理、虚拟主机在线迁移、存储池管理及虚拟机的分配等。除此之外，云计算平台管理中心还可通过管理各个用户的自主服务门户系统实现不同用户资源的监控、统计与申请等。

第四，云计算平台统一身份认证系统。这一系统的功能在于对云计算平台中的用户身份进行统一的认证和管理。单个或两个低配刀片服务器构成了这一系统的核心。

第五，云计算平台网络子系统。这一系统的架构主要由两个以太网交换机以双路冗余的链路方式组成。

第六，云平台 I/O 子系统。这一系统主要由两个光纤交换机构成，具体的架构是以 I/O 双链路冗余的配置方式构成 I/O 子系统。

（二）基于云计算技术的智慧校园构建原则

在智慧校园的建设过程中，云计算的应用主要是通过整合和配置公共服务资源，以支撑软件的研发与应用，同时借助现有的资源，以实现数据中心的模块式服务，进而在遵循特定原则的基础上实现资源共享、业务合作，通过为公共服务提供配套的解决方案，实现智慧校园的可持续发展。在基于云计算的智慧校园建设中，应遵循以下原则：

第一，先进性。云计算中的 IaaS 技术不仅能提高平台资源的利用率，同时还能有效地降低运行风险。在使用过程中，面向私有云的 IaaS 技术承担着稳定运行和业务创新的重要任务。在建设智慧校园的过程中应重视整个平台基础设施系统的建设。

第二，高可靠性。云计算中的 P2V 技术可保证业务的顺利切换与迁移。在基础资源池和虚拟化的平台中，P2V 技术的应用实现了对整个系统的全方位保护，其在基础单元出现故障时仍能保证业务的连贯性。

第三，可扩展性。高内聚、低耦合的模块化设计不仅实现了系统的动态扩容，还满足了用户在应用方面规模增长的动态伸缩需求。

第四，易管理性。云计算在智慧校园建设中的应用主要是为了给用户提供便捷的用户管理、组织管理及工作流管理等服务。借助 J2EE 技术和 B/S 架构技术不仅可实现网络资源的按需调度和分配，同时还可通过整合传统物理资源及新虚拟资源有效地解决资源管理中的单一、割裂等问题，实现系统的按需运营。

第五，开放性。云计算系统中的 API 接口不仅可保证服务器及网络资源的有效调度和管理，同时其与命令行脚本的实现可完成设备的合理配置，以提高云管理平台的应用效率。

第六，安全性。智慧校园系统中存储着大量的敏感和隐私数据，因此，在平台建设过程中，必须要采取相应的措施以避免用户受到异常的攻击，保证用户数据的安全。配备独立的机房及专门的运营管理团队不仅可以保证公共服务平台的有序运行，同时这也是提高用户数据安全性的有效途径。

（三）基于云计算技术的智慧校园测试

第一，基于统一的数据分析平台建立统一的身份认证及接口平台。这一平台的建立旨在通过规范应用系统管理接口与集中认证接口服务以提高智慧校园的安全性。

第二，为更好地集成和部署智慧校园中的各种应用系统，可通过建立统一的信息门户平台来为用户提供一个统一的信息服务入口。此外，统一信息门户平台的建立还可将原本分立于各个业务系统中的不同功能有效地结合起来。

第三，在智慧校园中，综合服务层的建设不仅能实现信息的在线确认，同时还能兼顾不同形式的课程。教学综合平台的应用一方面为日常的教学提供了支持，各高校可结合自身的特点开展交互式的教学活动，另一方面智慧校园的信息门户可进一步整合资源库，为实现教育资源的高度共享提供了条件。

在智慧校园的办公协同系统建设中，不仅要考虑学校的现状和特点，如学校概况、师资力量、教学状况及学生情况等，同时还应结合智慧校园中的平台数据，通过两者的对接搭建相应的智慧校园办公协同系统。此外，还应通过提炼学院的相关数据以提升智慧校园系统中数据的权威性。

二、智慧校园建设中的大数据技术

（一）大数据技术认知

"大数据技术是从各种各样类型的巨量数据中，快速获得有价值信息的技术"[①]。解决大数据问题的核心是大数据技术。目前所说的"大数据"不仅指数

---

① 罗金玲．"互联网＋"时代智慧校园建设探索［M］．长春：吉林大学出版社，2016：19.

据本身的规模，也包括采集数据的工具、平台和数据分析系统。大数据研发目的是发展大数据技术并将其应用到相关领域，通过解决巨量数据处理问题促进其突破性发展。

第一，数据采集：ETL 工具负责将分布的、异构数据源中的数据（如关系数据、平面数据文件等）抽取到临时中间层后进行清洗、转换、集成，最后加载到数据仓库或数据集市中，成为联机分析处理、数据挖掘的基础。

第二，数据存取：关系数据库、NOSQL、SQL 等。

第三，基础架构：云存储、分布式文件存储等。

第四，数据处理：自然语言处理（NLP）是研究人与计算机交互语言问题的一门学科。处理自然语言的关键是要让计算机"理解"自然语言，所以自然语言处理又叫作自然语言理解（NLU），也称为计算语言学。一方面它是语言信息处理的一个分支；另一方面它是人工智能（AI，Artificial Intelligence）的核心课题之一。

第五，统计分析：包括假设检验、显著性检验、差异分析、相关分析、T检验、方差分析、卡方分析、偏相关分析、距离分析、回归分析（简单回归分析和多元回归分析）、逐步回归、回归预测与残差分析、岭回归、logistic 回归分析、曲线估计、因子分析、聚类分析、主成分分析、快速聚类法与聚类法、判别分析、对应分析、多元对应分析（最优尺度分析）、bootstrap 技术，等等。

第六，数据挖掘：包括分类（Classification）、估计（Estimation）、预测（Pre-diction）、相关性分组或关联规则（AffinITy grouping or association rules）、聚类（Clustering）、描述和可视化（Description and Visualization）、复杂数据类型挖掘（Text，Web，图形图像，视频，音频等）。

第七，模型预测：预测模型、机器学习、建模仿真。

第八，结果呈现：云计算、标签云、关系图等。

（二）智慧校园建设中的大数据技术应用

第一，收集和整理数据。让大数据技术得到充分应用的重要基础是要收集有效的数据。数据来源拥有非常多样化的渠道，这里的数据主要有网络访问数据、学生的基础数据、食堂用餐数据、多媒体教室信息、购物数据、校园出入人员信息、课程数据、图书借阅数据、在校信息、教师个人信息等多方面的信息资源构成。学校可以通过用户的上网行为、校园监控视频、一卡通的使用情况、课程信息等途径收集数据。再利用编码和转换等方式，进一步处理收集的数据，分门别类整理好这些数据。总而言之，熟练应用大数据技术的根基是收集和整理数据。

第二，评估和分析科研教学。评估分析科研教学的主要内容包括：教师在线学习、阅读书籍、获得荣誉、论文下载、科研数据等内容，从而对教师的科研学术水平进行准确、科学的评估，学校以这些数据信息作为重要依据和基础，推动科研管理改革的开展。教师通过分析学生的学习成绩、学习情况等数据信息，研究学生的评教情况数据，从而设计和建立合理的教学评分系统，对教师的教学质量和效果进行客观评估，推动教学水平不断提升。

第三，分析学生的就业、学业开展情况。教师利用大数据技术进一步分析和研究学生在校课程的成绩数据、参与课外活动的数据、高考成绩数据、在校表现数据、图书馆借阅数据、考勤数据等，可以指导学生的学习、专业选择、就业等，衡量是否可以运用评分机制来考核学生选择的专业和课程。还能将这些数据作为基础和前提，深入分析和研究学生的能力水平、兴趣爱好和学习习惯，并在学生的求职信息中融入分析结果，科学指导学生的就业。

第四，智能预警学生的行为。以学生的行为作为核心，对行为信息数据库进行建设和完善，把正常的范围值设置好，对学生的课程信息、在校时间、身体素质、作息时间、上网行为等数据信息进行收集、整合、计算、分析，对学生可能会发生的异常情况进行监测、预判，并且推动相关档案的建立和完善。

第五，分析学生的经济情况。通过大数据技术，可以深入分析学生购物、食堂用餐、兼职等方面的数据，对学生的经济情况进行全面了解，找出其中的贫困学生，建立贫困学生情况数据库，以将更多的帮助提供给他们。

第三节　智慧校园建设中的信息主动推送技术

基于移动互联网的智慧校园，结合个性化的数据挖掘技术将信息从服务器及时准确地传递给师生。信息推送服务（Information Push Services，IPS）是指在网络环境下，以信息互联网和数据库作为支撑对用户的个性化信息进行搜集，再通过多样化的媒介方式向用户传递他们所需的信息。与以往获取信息的方式相比，信息推送服务的优势主要包括：一是具有针对性，IPS 与不同用户对信息的个性化需求相结合，为用户提供订制信息服务，再把用户所需的各种信息内容和信息类型传送给他们；二是具有集成性和智能性，IPS 利用知识发现技术和数据挖掘技术，从综合性角度出发深入分析和处理信息，让信息内容的准确性和精简性得到保证；三是具有及时主动性，IPS 以信息的重要程度和类型作为重要依据，将新信息发送给用户之后还会为用户提供主动提醒服务。

一、智慧校园建设中信息主动推送技术系统的设计原则

随着互联网和智慧校园的融合，信息推送系统的设计应遵从以下原则：

第一，信息的基本推送和信息的拉取是信息推送系统的基本功能。因为用户关注和感兴趣的信息随时发生变化，系统要以用户的信息反馈作为重要依据，对相关的数据挖掘模型不断改良和完善，及时对用户改变了的兴趣和关注内容进行发现，不断提高信息挖掘的针对性和准确性。所以，信息推送系统不仅要将信息推动服务提供给用户，还要与拉取的信息相结合，及时对系统进行优化、改善和调整。

第二，信息推送系统要利用多样化的媒介渠道传播信息。系统可以与手机短信、IM 实时通讯软件、WAP 页面、Web 广播等信息传播手段相结合，向用户及时传递信息。

第三，信息推送服务要将灵活订阅的服务机制提供给用户。信息推送服务作为一项新型的数据应用服务，是以数字化校园建设作为重要支撑和推动力量。为了削弱垃圾信息给用户带来的不利影响，只有经过用户授权同意的信息推送服务才是有效的，而且用户可以与自身的信息需求相结合，对信息类型、接收信息的方式和信息的内容进行定制。

第四，信息推送服务相关的技术和制度为用户的个人隐私保驾护航。学校数据共享和身份认证识别两个重要的信息平台将数据源提供的信息推送服务，因为系统将信息推送给用户的过程中一定会与用户的个人隐私相关，所以系统要以技术和制度作为重要抓手，在设计、运维和实施系统的过程中，双重保护用户的个人隐私，保障隐私不会泄露出去。

二、智慧校园建设中信息主动推送技术的支撑

如今，高校的数字化校园建设在不断提高的信息化水平的推动下，得到了突飞猛进的发展，有效整合和集成了校园内部的各种数据资源，特别是信息门户平台、身份识别认证平台和数据共享平台，作为重要技术支撑推动了

IPS 的建设。智慧校园建设中信息主动推送技术的作用具体包括：第一，IPS 推送信息的对象来源于身份认证识别平台；第二，IPS 要与海量的数据资源相结合，充分发挥知识发现技术和数据挖掘技术的作用，对用户喜欢关注、感兴趣的信息进行搜寻和整合；第三，校园内部各种业务系统的数据资源都集中整合在数据共享平台中，这些数据资源是开展 IPS 业务的重要基础和前提；第四，在信息门户平台的作用下，IPS 可以和 Web 广播等技术相结合，向用户推送所需信息。从这里可以看出，高校信息应用和服务的顺利开展主要得益于数字化校园项目的建设和完善，建设 IPS 同样要以数字化校园项目作为技术支撑。

技术支撑是实现信息推送服务的重要因素之一，除此之外，合理规范的消息报文结构也必不可少。信息推送服务系统把用户所需的信息一次性发送给他们的数据块便是消息报文。消息正文、消息传播媒介、信息源、接收方、消息类别等五方面的内容共同构成 IPS 的消息报文内容。信息源是指产生信息的渠道和来源；接收方是指对用户的身份信息和类别进行定义；用户类别是指用户属于校内还是校外，用户是属于社会群众、教师、学生、管理员还是其他的身份；图片、超链接、文本和附件等数据结构是消息正文常用的形式。人们习惯通过时效性和传播范围以及重视程度来描述和定义消息的类型，以重要程度作为划分依据，消息主要包括普通消息和重要消息；以实效性作为划分依据，消息主要包括一般消息和急办消息等；以传播范围作为划分依据，消息主要分为公共级别和内部级别。在具体的实践应用过程中，每一个消息一般都具备至少两种属性，比如重要急需办理的内部通知作为一种消息，其主要特征是复合型信息。所以，设计消息报文的格式时还要将类别属性加入其中，让用户的读取更加便捷和迅速。除此之外，消息报文还对四种主流媒介的传播方式进行了阐述和定义，如手机短信、Web 广播、IM 实时通讯、

WAP 广播等等，用户可以利用多样化的媒介渠道对信息进行接收。

三、智慧校园建设中信息主动推送技术的体系架构

高校信息推送服务系统具备成熟的多层体系架构，分别是应用表达层、数据报封装层、数据服务层、技术支撑层。第一，用户评价及反馈、信息校准、信息推送和系统管理四个软件应用共同构成应用表达层，该层的功能是将信息应用提供给用户。第二，数据报封装层的功能是对数据服务层传递出的数据进行接收，并以消息报文的相关要求作为依据封装处理数据，将更加标准化和规范化的信息源提供给下层应用。第三，数据服务层，该层的功能是统计和分析用户的关联信息，将用户比较感兴趣或比较关注的信息和知识筛选出来。第四，技术支撑层，该层主要是将数字化校园建设所包含的信息门户、数据共享和身份识别等信息平台的作用充分发挥出来，与数据共享平台紧密结合，对基础性数据进行采集并提供给系统使用。

第四节　智慧校园建设中的移动端实现技术

一、智慧校园建设中移动端实现技术的系统平台

智慧校园服务平台主要在 Android 和 iOS 系统平台上实现，具体如下：

第一，基于 Android 系统的移动推送技术。Android 系统是 Google 公司开发出来的开源移动终端系统，Android 系统以 Linux 系统内核作为重要基础和支撑，对 Java 语言的特征和优势进行继承，拥有较低的耦合度和层级清晰的系统架构，即便低层发生改变也不会对高层产生影响。Google 公司将一个运用于信息推送转发的云服务器设置在美国，国内用户对安卓应用进

行使用和访问时，会出现较低的可靠性、效率和稳定性的问题。智慧校园与 Androidpn 项目中的信息主动推送技术相结合，利用 XMPP 协议要求的统一格式处理和转化信息，最终形成 MINA 长连接的形式，向客户端发送信息，如此一来，智慧校园系统的信息移动平台便可以主动推送相关信息。与此同时，该系统还会不断优化 Androidpn，让信息推送服务与智慧校园的需求相一致。

第二，基于 iOS 系统的移动推送服务。说到移动客户端，基于 iOS 系统的移动设备产品广受大家的喜爱和认可，主要是因为这些产品拥有优秀的软件平台、美观的外表和人性化的设计。iOS 系统是当前非常受欢迎的移动设备系统，Apns 推送机制是 iOS 系统中的重要功能之一，该机制与 iOS 研发的软件相结合，再加上苹果公司设置的云服务器的作用，便会向客户端主动推送用户所需要的信息。

二、智慧校园信息化建设中的移动端实现技术

高校建设信息化的最高级别形态是高校智慧校园。高校智慧校园与多种新兴信息技术相结合，如移动互联、社交网络、云计算、大数据、互联网、智能感知等技术，不断拓展和延伸，以加快智慧校园的建设，对校园的物理环境进行全面感知，对师生之间的教学、互动情景进行智能识别，在学校和学生之间建立起有机的衔接和密切的关系，让校园物理环境的便捷性和舒适性不断提升，为师生之间营造良好的沟通氛围，推动以人为本创新理念的实行。学校可以从以下方面着手加强智慧校园信息平台的建设。

（一）建设与完善信息平台的功能设置

教师和学生是校园信息平台的主要服务对象，通过平台，可以将具有地

域化特征的生活信息服务和学习信息服务以及满足社交需求的智能手机应用程序提供给校园师生。具体来说，该平台主要为师生提供信息查询、学习服务、生活服务和校园资讯等多种服务，再在这些服务基础上，把更加个性化和人性化的有趣功能加入平台中。第一，要不断完善各项信息，推动层次化信息结构系统的建立和完善。对信息平台的各种功能进行设计时，把更加个性化的元素融入社交板块中，也可以帮用户打造兴趣标签来结交兴趣相投的朋友。第二，要不断完善性能需求，不断增强操作系统收集效果。要利用简单和友好的风格来设计平台界面，将独特的主题和风格融入总体设计中，增强平台的趣味性和新颖性，比如可以设置技能交换功能，将用户的好奇心和兴趣充分激发出来，让用户在开展娱乐交流的过程中产生更多共鸣。最后，要把用户体验感融入功能设置中，有利于增强用户黏性，如此一来，才能让信息平台拥有更多的"铁粉"。

（二）满足用户的个性化需求，信息推送精准

以人为本是建设高校智慧校园信息化的重要原则。具体来说，对各种应用和服务进行设计和优化时始终要以用户作为中心。我们要对用户的需求进行全面了解和及时掌握，并与实际相结合，对具有特色和个性的互动平台进行设计、创造，才能吸引更多的用户使用平台。在推送信息时，要将更具灵活性的服务提供给用户，不能让用户感受到被动感、压迫感，把主动权给予用户，让用户主动对相关信息进行订阅，按照自己的喜好对接收信息的方式自主选择，而且只有获得了用户的允许之后才能为他们推送相关信息。信息推送作为一项新型的数据应用服务，以智慧校园建设为基础和技术支撑，其关键在于用户群体的明确。因为提高推送的精准性才能促进推送效果的提高，但是进行用户画像是实现精准推送的重要前提。第一，要将用户的各种标签、

习惯、爱好了解清楚，对他们的需求进行分析。第二，要与智能配对的技术相融合，精准地向用户提供他们所需要的信息。第三，对用户进行分类，也就是把握好时间及场所的契机，将信息推送给合适的人。

（三）建设移动端高校智慧校园信息平台

便携性和私密性是移动终端的显著特征，与 PC 端相比，其活跃度和黏着度更高。随着信息技术的发展，以前使用的信息服务平台在延伸性、及时性和扩展性等方面存在的不足愈加明显，将移动信息服务融入信息服务平台中，便能有效解决这些问题，所以目前许多高校在建设信息化的过程中，都大力构建和完善教学移动端高校智慧校园信息平台。

第一，将信息传递的便捷性和迅速性等优势凸显出来。移动端高效智慧校园信息平台的建设，让用户可以不受时间和空间的限制，可以随时随地接收信息、浏览信息和发布信息，将新颖性、趣味性、便捷性、互动性赋予查询、发布和传播信息。

第二，将组织管理的高效性、特色和及时性凸显出来。移动端的高校智慧校园信息平台可以有效连接学校的组织管理部门，通过精准推送方式向学生推送他们所需要的信息，促进双向传达局面的形成，并且保持紧密关注信息是否准确传达。

第三，将移动端在社交和学习方面的丰富性和趣味性特征彰显出来。移动互联网的日新月异和迅速发展改变了人们的社交方式和学习方式，人们可以通过移动学习的方式开展碎片化学习，利用移动社交的方式形成普遍认知的社交。学校大力推动移动端高校智慧校园服务平台的建设和完善，让学生移动社交和移动学习的需求得到满足。

第四章 智慧校园的智能化管理系统发展

目前智慧校园系统建设还处于探索阶段，建成真正的智能化管理系统还面临着诸多的挑战。为了未来更好地建设智慧校园，有必要对智慧校园的智能化管理系统发展进行梳理，对智能化管理系统进行深入了解。

第一节 智慧校园智能化管理系统概述

数字校园管理系统和互联网等新一代技术相结合，能够创建架构科学合理、低耗高效运转的学校智能化管理与决策支持系统，实现对学校的人、财、物、活动和业务流程进行识别、跟踪、判断、处理、评价与提示功能，推动管理系统的智能化发展。

智慧校园智能化管理系统是在"数字校园"管理系统基础上结合互联网等新一代信息技术发展而来的。按照百度百科，数字化校园是利用计算机技术、网络技术、通信技术以及科学规范的管理对校园内的教学、科研和生活服务有关的所有信息资源进行整合、集成和全面的数字化，以构成统一的用户管理、统一的资源管理和统一的权限控制；通过组织和业务流程再造，推动学校进行制度创新、管理创新，最终实现教育信息化、决策科学化和管理规范化。

近年来，新一代信息技术的兴起，推动了数字校园向智慧校园的发展。物联网技术是新一代信息技术的核心之一。所谓物联网，是指物品通过各种信息传感设备，如射频识别 RFID、红外感应器、全球定位系统、激光扫描器等装置，与互联网连接而形成的一个巨大网络。物联网把新一代 IT 技术充分运用在各行各业之中，具体地说，就是把感应器嵌入到各种物体中，然后将物联网与现有的互联网整合起来，实现人类社会与物理系统的整合。同时，基于强大的应用软件系统，能够对整合网络内的人员、机器、设备和基础设施实施实时的管理和控制。在此基础上，人类可以以更加精细和动态的方式管理生产和生活，达到"智慧"状态。

物联网用途广泛，遍及智能交通、环境保护、政府工作、公共安全、平安家居、智能消防、工业监测、环境监测、水系监测、食品溯源等多个领域。随着校园安全问题的日益突出，以 RFID 技术为基础的校园门禁系统近年来得到了一定应用，但鲜见直接服务于教育教学系统的成功应用。

物联网是由多项信息技术融合而成的新型技术体系。物联网的应用涉及多个技术领域。其关键技术包括传感器技术、识别技术、嵌入式系统技术、网络通信技术等。"智慧校园"架设了智能化的教育教学环境，提供了全新的教学与管理手段。智能化管理系统基于传感网技术实现对校园中的人、设备、活动进行动态信息采集与分析，并整合学校教学管理、办公管理、财务管理、设备管理、活动管理、信息管理、门禁管理、人事管理等多种管理业务，实现信息的自动获取、定向汇聚、智能分析、信息发布、统计查询和辅助决策，最终实现学校管理的一体化、流程化、简约化和智能化。

智慧校园智能化管理系统的核心问题在于如何集成现有校园系统，实现单点登录和统一身份认证，实现校园管理的流程化，将校园物联感知融入校园管理，并解决智能化管理系统所产生的大数据的存储和处理问题，实现智能的教学评价分析和决策管理。

第二节　云数据智能管理系统的多元技术

一、云数据智能管理系统的 SOA 技术

面向服务架构的缩写是 SOA。SOA 属于组建模型，它可以实现接口与应用程序各功能单元（指服务）之间的连接。对接口的定义采取的是中立的方式，它并不同于编程语言、操作系统和硬件平台，而是独立存在的。因此，不同系统中的服务在交互过程中可以采用统一或交互的方式。由此可见，在计算环境中，SOA 这种模型可以实现对离散逻辑单元（服务）的设计、开发、部署和管理。

"服务"是 SOA 的核心概念。SOA 属于松耦合、粗粒度服务架构，服务之间的通信并不会用到底层编程接口和通讯模型，只需利用有着精确定义的简单接口即可实现通讯。

不少大型 IT 组织从多年之前就开始构建和部署 SOA 应用了，所以 SOA 出现的时间要比 XML 和 Web 服务早。SOA 应用在以往的构建中会用到两种技术范例，即 IBM CICS 和 BEA TUXEDO，SOA 并不属于一种技术，而是一种方法，可用于组织基础结构和架构。SOA 需要开发人员集中所有应用提供相关服务。

SOA 要求开发人员不应只将重点放在应用本身，而是要思考服务如何得到重用，或是思考怎样才能让其他项目使用他们的服务。"独立的""封装完善的"服务有一个非常明显的好处，即它们可以按照不同的方法组合成可以

得到重用的大型服务。其实，SOA 除了是一种开发方法，它还存在管理上的优势。例如，开发人员构建的所有相同服务可以由管理员进行统一管理，这比管理单个应用更方便，也更节省时间。SOA 可以对服务间的交互进行充分的分析，帮助企业了解有哪些业务逻辑被真正执行了，进而让分析师明确需要优化的具体业务流程。

（一）SOA 的实施原则

SOA 有两个目标：一是松散耦合系统；二是提高业务敏捷性。每个系统都想始终保持模块之间松散耦合的状态，松散耦合可以提高系统的操作性。SOA 的业务敏捷性能够让企业快速满足不断变更的业务需求。要按照以下原则实施，SOA 才能充分发挥其作用。

从抽象的角度看，服务其实处在业务和技术之间。以服务为主要内容的架构设计师一方面要意识到业务需求和服务之间的关系并不是固定的，而是不断变化的；另一方面则要充分了解服务和底层技术之间的联系。

SOA 的工作场景并不是一成不变的，因此，SOA 要随着不断变化的业务需求而发生改变，这样才能满足业务需求。由于整个 IT 环境的灵活性是由 SOA 控制的，所以 SOA 中的每一个硬件系统都要有良好的业务敏捷性，不然就会对 IT 环境的灵活性产生影响。

（二）SOA 的体系结构

服务体系架构（SOA）是由服务消费者、服务注册中心和服务提供者共同组成的，这三者各自有不同的角色分工，具体体现在以下三个方面：

第一，服务消费者。注册用户可以结合自身需求在服务注册中心找到相应的服务，根据服务定义来绑定与服务相匹配的网页和信息。

第二，服务提供者。用户使用 WSDL 来编辑和使用那些以编程为主要程序的应用软件，并且在服务注册中心公示栏处宣传这些服务款项，供他人参考使用，从而提升该软件的浏览量和使用频率。

第三，服务注册中心。注册用户可以通过服务注册中心寻找自己所需要的网页服务，并根据宣传服务提供者所发布的信息进行相似度匹配，使网页服务偏向个性化方向发展。消费者在注册中心找到自己所需要的服务后，可以退出网页的访问和编辑程序，由此可见，服务注册中心的功能处在服务消费者和服务提供者之间，可以为两者建立桥梁，但是在某些特殊情况下，服务请求者也可充当服务提供者，由于需求的不同，三者角色和功能可以相互重叠或替代。

（三）SOA 的协作

SOA 的协作离不开服务提供者、服务消费者和服务注册中心三者的结合与运作。服务消费者主要以精准定位来执行动态服务，同时向服务注册中心主动发起查询需求，经过计算机处理后，通过注册中心向注册用户提供服务端点地址和相应的网页服务，消费者在得到软件所提供的信息后，进行绑定和调用，这一过程便称为 SOA 的协作过程。除此以外，服务提供者可根据自身需求，对服务器进行请求，注册中心接受该请求后，结合已存在的服务类型进行信息匹配和反馈，对服务消费者提供相应的服务描述之后，服务消费者可利用注册中心所提供的信息完成动态绑定，最后充分利用该服务。

SOA 体系结构的正常运转需要以上三者共同协作。这些角色之间相互影响，相辅相成，共同通过发布、查找和绑定这三种操作完成服务的供给。发布操作使服务注册中心公示所需服务和信息；查找操作使消费者通过注册中心来搜寻所需服务；而绑定操作则是使消费者成为真正意义上的服务提供者。

二、云数据智能管理系统的 Web Services 技术

以重用为基础建立起的服务功能单元系统就是人们所说的 SOA 使用。在服务系统中拥有良好定义的接口之间建立起契约关系，推动业务流程的有序开展，让服务或业务的组合和编排的集成性和灵活性不断增强。对标准的定义和接口进行使用是 SOA 使用的关键，再加上松耦合的连接作用，将 IT 环境底层中存在的烦琐性和复杂性特征掩盖住或削弱。

Web 提供的软件服务之一是 Web Services，该软件包含了许多业务逻辑的构件，一般是以 Web 服务器作为载体进行运转，利用 Internet 进行编程便可以对这项业务进行使用，而且 Web Services 的操作性较强，使用起来非常简单，其容易程度就像对应用程序中的函数进行调用一样。如此一来，便可以组装来自不同 Web 站点上的 Web Services，形成一个新的应用程序，该程序还具备丰富、强大、新型的功能。

基于 Web Services，即使各种程序是利用不同的语言、在不同的平台上进行编写的，它们也可以通过标准的 Web 协议实现通信，例如表示服务描述语言的 WSDL 协议，表示发现、集成、描述的 UDDI 协议，表示超文本传输的 HTTP 协议，表示可拓展标记语言的 XML 协议，表示简单对象访问的 SOAP 协议和表示服务发现的 DISCO 协议等都是常用的 Web 协议。

XML 及 SOAP 是实现服务与服务之间、应用与服务之间访问的重要基础。XML 是一种具有结构化的语义标记语言协议，在该协议的作用下，有利于让服务和各种应用之间交换的数据更容易理解和直白化；基于简单对象访问的 SOAP 协议，便能实现自动化、无障碍地整合服务和应用之间的数据。实际上，不管是 XML 还是 SOAP，其传输的基础都是 HTTP 协议。所以，要

想交换分布式应用的数据，让这些数据轻松穿过防火墙而不被干扰或影响，只要让分布式应用的结点将 80 端口打开，或者让 HTTP 协议对 80 端口进行运行即可。

Web 服务规范的内容主要有：

第一，SOAP（简单对象访问协议）。该协议以 XML 消息协议为基础，让处于分布式环境中的程序与已经提前定义好的结构化信息进行相互交换。SOAP 作为一种重要的消息格式，不管是服务提供者还是服务使用者都必须遵循，因为它以 XML 技术作为基础，所以 SOAP 作为一种消息协议始终独立存在于操作平台和编程语言之外。从本质上来说，SOAP 协议提供了一种简单的机制，在松散分布的环境中通过 XML 对类型化和结构化的信息进行交换。SOAP 不能对任何应用语义进行定义，它只能对一种简单的机制进行定义，如实现编程模型或特定语义，对应用语义进行表示时，主要是利用一个模块化的包装模型重编码处理模块中的特定格式数据编码来实现。

SOAP 信封、远程过程调用协定、编码规则共同构成 SOAP 协议。SOAP 信息的整体表示框架由信封定义，对消息中的发送者和内容、是否必须进行这些处理和操作进行表示。SOAP 编码对数据的编码机制进行定义，利用 SOAP 编码可以对应用程序中需要使用的各种数据类型进行定义，并且对数据类型产生的实例进行交换。对表示远程调用和响应的约定的定义就是人们所说的远程过程调用协定。

第二，WSDL（Web 服务描述语言）。这种网络服务描述语言以 XML 格式作为基础，以一组服务访问点的形式描述 Web 服务中包含的服务，客户端使用服务访问点便可以对网络服务进行访问。WSDL 以抽象的方式描述消息和操作，对服务访问点进行定义时主要是通过绑定具体的消息格式和网络协议来实现。这个抽象的服务访问点和相关的服务实现建立一定的关联。Web

Service 及其返回值、函数、参数是 WSDL 描述的主要内容。

第三，UDDI。这种协议主要表示统一发现、集成、描述，与结构化信息标准相结合，对发现、发布、查询、注册 Web 服务和对服务接口进行访问会使用到的技术标准规范进行制定。UDDI 作为一种重要的工作标准，具有开放性的显著特征，以 HTTP、XML、XML Schema 和 SOAP 等协议作为基础，将一个以 Web 服务为基础的软件基础架构提供给只能在公司内部使用的服务和公开发布的服务。所有对公共 UDDI 注册服务进行提供的站点被统称为 UDDI 注册中心，从逻辑上来说，该中心是一个统一的整体，但是在物理层面上来说，它以分布式系统结构的形式呈现出来，利用对等的网络结构连接不同的站点，所以对其中任何一个站点进行访问就是对整个 UDDI 注册中心进行访问。一般来说，整个 UDDI 注册中心覆盖区域的信息就是对 UDDI 入口站点进行访问呈现出的结果，查询信息不需要认证身份，但是一定要在 UDDI 入口站点上认证身份并获取相关的权限才能发布信息。

第四，BPEL。这是一种业务过程执行语言协议，该协议作为一项重要的规范标准，主要用来对 Web 服务进行整合。它作为一种编程语言是利用 XML 协议技术编写而成的，可以让业务流程更加自动化，人们之前是使用 WSBPEL 和 BPEL4WS 来称呼这项协议的。这项协议在开发与 Web 服务相关的项目中使用较多。

BPEL 作为一种规约语言经常应用于自动化业务流程。通过 XML 文档把流程写入到 BPEL 中，再利用标准化的交互方式精心组织 Web 服务，在每一个与 BPEL 规范相符合的产品或平台上都可以执行这些流程。因此，BPEL 允许用户利用各种类型的创作工具和执行平台对这些流程进行移动，从而让用户对自己在流程自动化上的业务进行保护。虽然此前人们都想通过业务流程对标准化进行定义，但是 BPEL 的出现吸引了很多人的兴趣和关注，很多软件供应商都非常认可它。

合成的 Web 服务之间的逻辑依赖性取决于 BPEL 定义的业务流程，Web 服务之间传送的数据（发生的数据流）和调用的顺序（发生的控制流）都由流程定义。BPEL 能将服务之间发生的信息交换的协作行为表述清楚，但是又不会对实现服务的内部细节进行干涉，也不会将组织内部关于业务的一系列管理数据暴露出来。此外，对服务的具体表现进行更改时，也不会对业务工作流程的定义产生影响或干涉。

第三节　智慧校园的可视化管理信息系统

随着社会经济水平的不断提高，人们对生活质量的要求也越来越高，而基础设施设备作为人们日常生活中不可缺少的一部分，进行智能化和高效化的改进已成为必然趋势。信息技术的不断推广，不仅可以通过改善基础设施设备以提高人们的生活效率和工作效率，还可以促进有限资源地合理运用。借助先进的科学技术，人们的生产和生活方式更加的智能化和科学化，同时其在教育领域中的应用，为学校的教学和管理提供了技术支持，满足了学生个性化发展的需要。

可视化管理信息系统是基于图形图像的可视化特征将传统的教学信息以一种更简化、更直观的方式呈现出来，而建立在计算机技术之上的可视化管理信息系统更是为人们快速了解和掌握信息提供了便利。教学信息具有多样性和复杂性等特征，而可视化管理信息系统能借助图形图像的转换使原本的数据信息变得更加简化，便于人们认识和了解。因此，可视化技术在教学中的应用十分广泛。

基于大数据的可视化管理信息系统，不仅可以实现繁杂信息的整理、分析和简化，还可以根据用户的需求将抽象的数据信息转换成易于人们理解的图形和图像信息，并结合现代荧屏投影技术使信息的展示方式更直观。作为学生学习的主要场所，校园相当于一个集教学、科研、学习、生活为一体的综合性的环境体系，可视化管理信息系统与校园的结合，不仅可以简化学校中的管理系统，有效提升校园的管理水平，还可以借助可视化的现代媒介来建立一个综合性的媒体展示平台，对校园环境进行多方面的管理。不同于传统的可视化管理信息系统，新型的可视化管理信息系统更加的智能化和高效化，其不再是一个简单的应用软件，而是一个汇集了大量数据和多种功能的综合管理系统。

一、智慧校园中可视化管理信息系统的作用

可视化管理信息系统主要有以下两个作用：

第一，可视化管理信息系统的应用可提高校园的管理质量和管理效率。在智慧校园建设中，互联网智能传感技术一方面可实现智能终端的互联互通，另一方面还为校园活动最新数据信息的获取提供了有效的手段。在此基础上利用可视化管理信息系统的数据分析和处理能力，精准地找出校园管理中的不足，进而为改进校园管理模式奠定基础。

第二，可视化管理信息系统的应用为构建可视化教学环境提供了技术支持。随着科学技术的不断发展，其在教育领域中的应用也越来越广泛，音频数字媒体、网络教学视频的出现不断推动着教育领域的改革和发展，传统的教学模式再一次受到挑战，虚拟学习环境和真实的现场教学结合在一起不仅创新了教学方式，同时也增强了教师与学生、学生与学生之间的互动和交流，在培养学生人际关系的同时提高了教学质量和教学效率。

二、智慧校园中可视化管理信息系统的特点

第一，可视化管理信息系统可实现信息展示的多样化。数据作为应用系统和业务系统的基础，其在智慧校园的建设中起着至关重要的作用。实现数据信息的高度共享是智慧校园建设的主要目标，同时也是现代化教育发展的必然要求。随着信息技术的不断发展，数据的密度越来越大，而极速增加的数据信息对管理系统的要求越来越高。可视化管理信息系统在前沿技术的推动下不仅具备了强大的数据信息分析能力，同时还丰富了媒体的展示形式。音频、动画及动态文字技术的运用，更是将可视化管理信息系统推向了一个更高的层次，智能化、高效化成为可视化管理信息系统的显著特征。

第二，可视化管理信息系统实现了数据展示媒介的可视化。在智慧校园中，基于互联网而产生的数据是各种各样的，有文字、图片、数字和音频，这些数据以结构化形式存储，或以非结构化形式保存，不利于人们的认识和理解。而借助可视化管理信息系统，可将这些繁杂的数据信息进行简化，以直观的图形或图像形式呈现，降低了信息的理解难度，进而保证了决策的科学性和精确性。

第三，可视化管理信息系统提高了活动过程的透明度。借助可视化管理信息系统，可实时记录校园生活和学习活动的各个方面，同时基于可视化管理信息系统高效的数据处理和分析能力，实现了数据信息的全方位利用，进而在提高信息利用率的同时为决策者提供更可靠、精准的数据资源。

三、智慧校园中可视化管理信息系统的应用

第一，智能感知。一方面智能传感器在智慧校园中的应用将声音和电器有效地结合起来，实现了校园活动场地的智能管理；另一方面可视化管理信

息系统在智慧校园中的应用可实时监控感知区域，尤其是警报区域，这样便形成了一种更高效、更科学、更人性化的校园管理模式。此外，可视化管理信息系统在校园节能减排方面也有着积极的意义，通过深入、完整地分析校园环境中的数据，可精准地找出校园节能减排管理中存在的问题，进而通过针对性的改进以提高现有资源的利用率。

第二，平安校园。安全是学校建设和发展的重中之重，构建平安校园不仅要具备较强的事后处理能力，更重要的是具备事前预测能力，及时发现校园中存在的安全隐患，采取针对性的措施将安全事故消灭于未然。安装监控摄像是常用的安全保障措施，其与互联网技术的融合可真正实现安全管理的智能化。首先，对于校园中的重要物品，可通过安装数码感应标签以实时监控物品的动向，起到安全保护的作用；其次，对于出入校园的车辆，可利用摄像技术扫描车辆的车牌号并做好记录与核对，以保证校园的交通秩序和车辆安全；最后，教室和宿舍作为学生活动的主要场所，可在入口处安装身份采集设备，通过摄像自动完成学生的身份核验，以实时监督校园内部的流动人员，排除安全隐患以保证校园内部人员的安全。

第三，教学可视化。教学可视化主要体现在三方面：首先，网络多媒体在教学中的应用可使教师的授课方式更加多样化，在激发学生学习主动性的同时提高了课堂教学的质量；其次，可视化管理信息系统的电子化监考模式可极大地弥补传统监考模式监考力度不足的短板，有效地改善考场的秩序，同时其所具备的人数清点功能在很大程度上减少了教师的工作量；最后，可视化管理信息系统推动了课堂授课方式的创新，网络化授课形式的出现满足了学生的个性化需求，为学生随时随地进行课堂知识学习提供了条件。此外，真实教学与虚拟网络教学的结合使得学生对知识的理解更深刻，在提高教学效率的同时使学生的知识体系更完善。

第四节　智慧校园的安防系统与一卡通系统

一、智慧校园的安防系统

（一）智慧校园安防系统发展与相关技术

随着教育事业的蓬勃发展，学校的建设规模日益扩大，校园的开放程度也越来越高。社会的进步和科技的迅猛发展不断推动着校园安防管理方式的更新。因此，打造智慧化的校园安防系统是当前高校安保工作的必然需求。建设有一定预警功能、智能化程度高、可进行联动控制的智慧化校园安全防范系统可以极大地提高校园安全管理水平，为校园突发事件的快速响应、应急指挥、科学分析和决策提供坚实的技术保障，也为"智慧校园""和谐校园"的建设提供高效、智能化的管理手段。

校园安全防范（简称校园安防）是指在校园周边、公共场所、建筑物或建筑群内等区域，通过采用人力防范、技术防范和物理防范等方式综合实现对人员、设备、建筑或区域的安全防范。通常所说的校园安防主要是指技术防范，是指通过采用安全技术防范产品和防护设施实现安全防范。

校园安全防范系统是指以维护校园公共安全为目的，运用安全防范产品和其他相关产品所构成的视频监控系统、周界防范及紧急求助系统、巡更系统、校园出入口管理系统和校园停车引导等子系统的组合或集成的电子系统（网络）。在所有子系统中，视频监控系统最为重要。通常情况下，校园安防系统的管理平台是以视频监控系统为主，加入其他子系统模块后拓展而来的。

1. 智慧校园安防系统的发展

（1）校园安防系统的发展历程

第一，视频监控系统的发展。校园视频监控系统的发展历程与整个视频监控市场上设备的发展历程基本保持一致，虽应用稍晚，但发展迅速，主要历经了以下四代：

第一代，全模拟系统，模拟摄像机加磁带机模式。当前，这种系统已基本被淘汰。

第二代，半数字化系统，模拟摄像机加嵌入式硬盘录像机（DVR）模式。此系统的特点是将模拟信号转化成数字信号存储在硬盘里，解决了录像存储的一大难题。

第三代，准数字化系统，模拟摄像机加视频服务器（DVS）模式。此系统基于 TCP/IP 协议，采用先进的 MPEG4/H.264 压缩方式，超低码流，高保真画质，实现视频在网上传输和监控系统内数据的切换、传输、存储的数字化。

第四代，全数字化系统。全数字化系统采用网络摄像机，可以与其他子系统无缝连接，实现真正的数字化。此系统基于 IP 网，可实现大容量多级联网，统一呼叫信令格式、视频音频媒体表示格式、控制与报警格式，采用流媒体技术实现视频在网上传输。这一类系统也是当前普遍使用的系统。

第二，周界防范系统的发展。周界防范系统过去主要应用于小区等小范围区域。随着社会经济的发展和人们安全意识的提高，其应用范围逐步扩大至生产工厂、学校、集中办公园区、机场、景区、重点军事单位等区域。

校园周界防范的传统方法是在目标外围区域设置围墙或者铁栅栏等设施。随着现代科学技术的不断发展，探测技术从传统的红外探测发展到电子脉冲、静电感应、震动波、张力探测等多种方式。系统架构也从以往的单个建筑、单个区域的独立报警向更大范围的网络化、数字化发展。整个周界报警系统从过去的单一形式向集中管理、远程控制、与监控系统联动控制的智能化方向发展。

第三，校园巡更系统的发展。校园巡更系统最早采用的是在线式系统。这种电子巡更机实际上就是考勤机联网使用。由于用户必须在每一个巡更点上安装一台巡更机，而且必须供电、联网，所以整体费用昂贵，很难推广和普及。当然在线式电子巡更机也有其优点，人们在计算机控制中心上可以及时看到巡更人员的巡逻情况。

随着巡更系统设计思想的成熟和技术的发展，有的厂商开发了离线式巡更系统。这种产品的代表就是信息钮式巡更系统。它利用信息钮技术，通过巡更机（巡更棒）与信息钮的接触读取信息，然后再把巡更棒内存储的信息传到计算机上读取或打印出来。它用简化的系统、较低的价格完成了巡更的基本功能，弥补了在线式巡更系统的缺陷，很受用户欢迎，很快成为市场的主流产品。目前，随着射频识别技术的发展，人们把射频识别技术用于电子巡更系统上，推出了感应式电子巡更系统。巡更棒和信息钮不用接触就可以读取信息。信息钮（感应卡）还可以嵌入墙内。这种感应式电子巡更系统弥补了信息钮式巡更系统的部分缺陷，把电子巡更技术又向前推进了一步。

第四，校园出入口管理系统的发展。校园出入口管理是安全防范管理的重要组成部分。传统的校园出入口管理采取人工管理的方式，由安保人员对入校的车辆和人员进行登记。随着校园开放程度的提高和人员、车辆流量的迅猛增加，传统的校园出入口管理方式已经无法适应。因此，运用各类技术设备构成的无人智能化出入口管理系统逐步取代了人工管理。出入口管理系统的识别类型也从无源接触式卡到有源非接触式卡，再到牌照拍照识别逐步转变。

（2）校园安防系统各子系统的发展趋势

第一，视频监控系统的发展趋势。视频监控系统作为安全防范体系中的重要组成部分，以其直观、方便、信息内容丰富而广泛应用于治安防盗、消防、安全保障等各个领域。

第二，周界防范系统的发展趋势。随着经济技术的高速发展，人们安全防范意识有了明显提升，对周界防范产品的要求也越来越高。面对如此严峻的形势，周界产品逐步由只能判断"是非"的产品向分析型产品转变，迈向了多种分析型探测技术齐头并进的时代。以分析型的周界入侵探测产品为前端的周界防范系统，如智能视频分析、脉冲／张力电子围栏、振动光缆、泄漏电缆等，逐渐成为周界防范市场的关注热点。此类探测设备虽然价位大幅高于红外入侵探测产品，但其报警性能较高，漏报、误报率低。

近年来，在周界防范产品领域，基于互联网技术的周界防范入侵探测系统发展非常迅速。它的前端探测采用网状协同探测，与传统的前端探测设备采用单点探测以及开关量输出相比，不但目标定位更精准，而且多出了目标识别和行为模式判别等功能。采用基于互联网架构的综合信息系统集成管理平台，使整个前端探测及联动设备能无缝接入管理平台，组成一个统一的现代智能化综合安防管理和控制系统。另外，周界入侵防范系统往往需要与闭路电视系统或综合控制系统进行整合，作为一个重要的安防子系统需要与上层平台进行密切整合。当周界防范报警系统发生报警时，智能视频监控可视化呈现报警现场状态。智能视频监控对其他周界防范产品降低误报率起到了一定的作用，成为周界防范探测技术的重要组成部分。

第三，校园巡更系统的发展趋势。射频识别技术是当代最有生命力的新技术之一。我国从事电子巡更机开发的科技人员利用射频识别技术的最新成果，推出了无线电子巡更系统。当巡更人员沿巡更路线巡查的时候，巡更机能自动探测到信息点的信息，并自动记录下来，通信有效距离为 2 ~ 10m。记录下来的信息还包括巡更人员到达和离开每一个巡更点的信息。无线电子巡更机的出现使巡更技术发生了质的变化，它使巡更人员在巡更时不必以找信息点打点为主要工作内容，而是可以更集中精力观察周边环境是否有异常、有没有不安全因素等。巡更人员下班后，上报巡更数据也十分快速，只要一分钟左右时间，信息传输器就可以同时把 10 只或 20 只巡更机内的信息全部采集完毕。

目前，巡更结合 GPRS 技术开发的新一代在线式（无线式）巡更系统具有自动导航（GPS）、网络功能等。巡更逐步迈向高端巡检管理方向，如光缆、移动通信、铁路路基、电力线路等领域，基于 GPS、GIS、GPRS 技术的巡检产品不断涌现。

技术发展的路线，是螺旋式上升的。从在线式出发的电子巡更系统经历了一个历史发展进程以后，又复归到新一代在线式（无线式）电子巡更系统，这种新型的在线式电子巡更系统采用 RHD 技术，具有本地定位系统（LPS）功能，不仅技术先进，而且设计的理念也不同。在线式电子巡更系统不是一种只考察保安人员是否忠于职守的管理和监督工具，而是一种以人为本、运用先进技术为保安人员服务、协助保安人员工作、强化保安人员作用的人性化安全防范系统。

第四，校园出入口管理系统的发展趋势。通常而言，我们可以将整个校园看作一个大型停车场，校园机动车出入口则可被看作停车场出入口。在实际应用上，停车场出入口管理系统已经广泛运用于机关、学校和居民小区。因此，采用停车场出入口管理系统可以基本满足校园出入口管理需要。校园出入口管理系统发展趋势主要从两个方面探讨：首先，此系统实现联网共享数据，建设智慧互联网平台，实现快速出入、电子自助付费、车位引导等功能；其次，此系统无人化服务逐渐普及，由于我国的劳动力成本快速上升，过去靠人海战术管理停车场的方法不再适用，随着技术的发展，出入口管理的自动化程度将越来越高，管理人员将逐渐减少，直至实现无人化服务。

2. 智慧校园安防系统的相关技术

（1）视频监控系统的技术

校园监控系统由前端摄像机、传输网络与后台存储设备三部分构成，其中每部分的选型与构架都将直接对整体构架造成重大影响，具体如下：

第一，校园监控摄像机分析。数字监控是当今世界最新的、最具领先地位的监控系统，它使得监控领域从模拟向数字跨进了一大步，这是一个不可逆转的趋势，也是监控领域的革命性飞跃。为保证校园监控系统具备可靠性、实用性、先进性、前瞻性，满足未来一定时期的发展需要，整个监控系统应采用全数字化的系统架构，前端摄像机选用高清数字摄像机。

第二，校园监控专网分析。安防监控具有独特的安全保密特性，一般只有校保卫部门、相关领导才能使用和调控。系统的非开放性促使学校建设监控专网，既保证系统的安全保密性，又可专网专用，保证系统运作正常，不受外界干扰。视频专网是网络监控系统的"神经"，它保证了系统的稳定性，同时也是网络监控系统不断扩展的基础。

第三，校园监控存储分析。目前，监控系统的存储方式有本地存储、集中存储和本地与集中混合存储三种，分别分析如下：

首先，本地存储。本地存储的优点是投入少、对网络压力最小，缺点是管理复杂，不易维护，重要数据没有安全保证等。在本地存储中，以 DVR/NVR 为主要的存储设备，因此要求 DVR/NVR 存储的可靠性更强。但是由于 DVR/NVR 没有完善的组件和磁盘容错机制，无法确保数据的安全性。因此，本地存储多适合监控点较少、较分散、数据保存周期短、数据安全要求不高的领域，如小型公共场所监控、物业小区视频监控、中小型企业视频监控等。

其次，集中存储。集中存储分为单中心集中存储和分层多中心分布存储两种模式。单中心集中模式的优点是存储图像集中，图像数据安全性高，管理方便，对管理平台的要求最低；而缺点是网络压力大，存储设备投入比较高。分层多中心分布模式根据前端图像的重要性进行分级存储，最重要的存放在最上级中心，该方案对网络带宽的压力比前一种方式小，图像数据安全性高，但存储设备的投入依然较大（所有图像数据都是网络存储），对管理平台的要求较高，管理本地存储复杂。

最后，本地与集中混合存储。本地与集中混合存储可表述为"分布式存储＋集中式管理"模式，既可以因地制宜地进行存储设备的部署，简化了部署的复杂性，同时管理人员又可以在中心对所有存储设备、存储空间和存储数据进行逻辑上的集中管理，极大地减少了维护人员的工作量。同时，这种方式更有利于系统的扩容，当有新的监控需求时，如果中心还有冗余空间，只需要前端增加摄像头、编码设备即可，无须再增加单独的存储资源。当一台设备的有效存储空间不够时，可以进行平滑扩容，能够满足一些重要数据长时间保存的特殊需求。另外，视频数据实现了集中管理，更适合数据的挖掘分析与综合利用，这种方式有利于监控系统的价值提升。

（2）周界防范系统的技术

当前的安防系统越来越重视周界防范，它是实现安全防范管理的有效措施。报警系统的设计应遵循高度稳定、分区管理、条理清晰、易于联网的原则。根据前端探测感应设备的探测原理不同，探测技术大致上可分为红外探测、电子脉冲探测、张力探测、振动探测等。

周界防范系统目前大多采用软件实现和软硬件结合实现两种方式。随着技术的不断成熟，根据采用的技术不同，周界防范系统有监控系统越界视频分析系统、红外对射报警系统、脉冲电子围栏系统、张力电子围栏系统、振动传感光缆系统、泄漏电缆系统等。

第一，监控系统越界视频分析系统。针对校园监控系统采用数字化、网络化、高清化的初步需求，在校园周界区域采用高清网络摄像机不但能联动相应防区的安全防范设备，还能对从前端接收的视频流进行智能分析，实现对校园围墙的越界报警功能。智能视频分析技术既能起到视频复核的作用，又可以扩大周界防范区域范围，提前分析不安全的因素。

通过在校园围墙区域监控视频中设置虚拟的警戒线和警戒区，可以对违反规则跨越、进入、离开警戒区的人员和车辆进行检测并报警，可以识别出目标的大小、移动速度和方向。此系统可以实现的功能有逆行检测、越界检测、进入和离开区域检测，通过上述功能的组合，可以实现复杂的周界防范功能。监控系统优缺点主要包括：

①这种视频分析系统与传统的红外对射报警装置相比，可以降低误报率；

②可以利用校园监控摄像机达到周界防范的作用，减少单独建设周界系统的费用，节约投资；

③具有预警能力，提高安全防范能力；

④扩展视频资源用途，有效使用视频数据；

⑤周界必须采用高清摄像机，以达到进行视频分析的清晰度要求；

⑥单个摄像机覆盖的有效警戒距离有限；

⑦周界较长时，要达到全覆盖，需要设置的摄像机成本较高；

⑧当夜间室外照度低时，视频分析的效果有限。

第二，红外对射报警系统。红外对射报警系统工作时，发射端发出红外光束，与它相对的接收端收到红外光束以后即处于警戒状态。当光束全部被遮挡时，探测器接收端即发出报警信号，通过总线传输给控制中心的总线报警主机。报警主机显示报警探测器所处区域，存储报警地点、时间、警情等有关数据，同时总线控制箱通过 485 总线与中心电脑连接，中心电脑对警情进行处理，如联动摄像机监看报警区域的图像、电子地图显示报警区域位置等。管理人员根据中心电脑显示的信息（系统驱动声光提示）立即处理警情并作记录，保卫人员可迅速赶到现场，处理应急情况。另外，根据工作距离的不同探测器一般分为双光束、三光束和四光束三种，100 m 之内的通常为双 / 三光束，100 m 及以上的通常为四光束。采用四光束的工作方式能充分区分大物体与小物体，可降低误报率。鉴于周界距离较长，可采用带有地址模块的多条总线的系统架构。

红外对射报警系统优缺点包括：

①系统布设简单、方便；

②系统造价较低；

③技术成熟，可靠性高，易扩展，操作简便；

④报警输入端采用模块化设计，性能稳定，故障率低，后期维护量小；

⑤只能报警，不能监控，不利于事后的取证；

⑥易受温度、阳光、气流、雷电等自然天气影响而出现误报；

⑦布防受距离、环境等限制，大多用于小范围的监控；

⑧仅限于视距和直线平坦区域的周界环境中使用。

第三，脉冲电子围栏系统。脉冲电子围栏是一种主动入侵防越围栏，可形成一道电子围墙进行防范和管理，具有威慑、阻挡、报警三重功能，对入侵企图做出反击，击退入侵者，延迟入侵时间，并且不威胁人的生命。电子缆线产生的非致命脉冲能有效击退入侵者，并把入侵信号发送到安全部门监控设备上，以保证管理人员能及时了解报警区域的情况，快速地做出反应。

脉冲电子围栏系统采用脉冲高压原理，不同于传统的交流高压电网，脉冲电压低于 8 000 V，脉冲作用时间短（≤ 0.1 s），脉冲能量低（≤ 5 J），对人体不会造成伤害，相比交流高压电网，脉冲电子围栏系统更具人性化。

电子围栏的前端设备是一种"有形"的报警系统，增加了护栏的高度，使不法分子无法进入，也使得护栏内的人无法从护栏攀越逃离，给人一种威慑的感觉，使入侵者产生一种心理压力，从而把报警目的和警戒目的有机地结合起来，达到以防为主、防报结合的效果。

脉冲电子围栏的阻挡作用首先体现在威慑功能上，金属线上悬挂警示牌，令人产生心理压力，且触碰围栏时的触电感觉足以令入侵者心生恐惧；其次，电子围栏本身又是有形的屏障，安装在适当的高度和角度，很难攀越；如果强行突破，脉冲主机就会发出报警信号，因为脉冲主机每分钟对整个电子围栏巡检 50 次，检查电子线是否断路或短路。脉冲主机有两种信号，系统可以分别输出主机故障报警和前端围栏入侵报警两组报警信号，方便系统报警时用户及时检查出报警原因。

电子围栏适用于诸如学校、变电站、政府机构、司法系统、重点文物场所、工业重地、工厂、仓库等大部分场所。

脉冲电子围栏系统的缺点包括：

①可做到事前威慑，事发时阻挡入侵者并报警；

②动物触碰会被击退，但不会引起报警；

③不受环境（如植被、树木等）和天气（如雾、雨、雪等）影响；

④误报率极低，适应性强；

⑤不受周界弯度及地势高低影响；

⑥适用于长距离、大范围周界防范；

⑦系统造价较高；

⑧系统对电源供应要求较高，能耗较大；

⑨若施工不当，容易遭受雷击；

⑩对人不会造成生命威胁，但人员翻越围墙遭电击后，跌落时可能会造成摔伤；

⑪ 系统施工及维护相对复杂。

第四，张力电子围栏系统。张力电子围栏入侵探测器是一种防止人体逾越障碍物并能感知攀爬、拉压、剪断障碍物等企图入侵行为的机电装置的集合体，是一种新型的周界防入侵报警设施。

张力电子围栏系统优缺点包括：

①受天气（如雨、雪等）影响，如温度变化等；

②不带电，对人体不会造成伤害；

③系统造价较高；

④围墙需要足够的坚固程度，能承受电子围栏的张力和压力；

⑤围墙环境对系统有一定影响，需要围墙较平缓，没有大的起伏；

⑥系统施工及维护相对复杂；

⑦围墙两侧不能有较大的树木，大树枝的伸展会对围栏张力线造成影响；

还有与脉冲电子围栏系统相同的特点，见脉冲电子围栏优缺点介绍中的①、④、⑥。

第五，振动传感光缆系统。振动传感光缆系统是利用激光、光纤传感和光通信等高科技技术构建的警戒网络或者安全报警系统，是一种对威胁公众安全的突发事件进行监控和报警的现代防御体系。

振动传感光缆系统利用普通通信级光缆作为报警探测传感器，通过敷设在铁艺铁网或埋入各种土质内的无源分布式振动传感光缆，将防护区域内的微小机械振动或压力（即侵入者带来的微小振动）传递到采集器进行信号收集和分析处理，并将提取出的入侵特征值转换成报警信号，传输给报警中心管理主机，启动声光报警并联动相关系统设备。

振动传感光缆系统根据实际应用的不同可分为围栏式和地埋式两种，既可以应用于各种类型的铁艺、铁丝网、栅栏、围墙等地表围栏，也适用于草坪、砂砾层、地砖、地板、水泥地面、普通土壤之下。

传感光缆埋于地下，形成隐蔽的防护系统，通过感应入侵者对传感光纤的压力及振动，产生报警信号。该系统抗干扰能力强、可靠性好。系统采用普通通信光缆进行信号传输，可以极大地降低生产成本和维修成本，增加用户的可选性，可广泛应用于大范围不规则的周界，在周界保护范围内不需敷设大量供电及通信线路；还可应用于各种野外环境、边界线等不便敷设供电线路的场所，可为客户节约供电设备与线路的成本，并可简化施工。

振动传感光缆系统的优缺点包括：

①具有不受雷电、电磁及无线电干扰的特性；

②灵敏度高，探测率高；

③对天气（如雾、雨、雪等）及恶劣环境适应性强；

④适用于各种复杂地形，可实现对不规则周界防区大范围、长距离的探测；

⑤对周围振动源比较敏感，需要远离公路；

⑥振动传感光缆抗拉性差，避免使劲拉伸，以免损坏电缆的内部结构；

⑦传感光缆在拐弯处要保持一定的弧度（不小于光缆6倍直径），以免造成内部光纤芯折断。

第六，泄漏电缆系统。泄漏电缆系统是一种隐形入侵探测系统，由两根平行埋在周界地下的泄漏电缆作为传感器，产生不可见的电磁场。当有人进入此探测区时，干扰探测区的电磁耦合，使接收电缆收到的电磁波能量发生变化，从而产生报警信号，提醒管理人员对防区进行察看并处理。

埋地式感应电缆采用的是一种大的空间场，对移动目标的导电性、体积、移动速度进行探测。人或车通过该电磁场都会被探测到，而小动物或鸟类经过时则不会引起报警。埋地式感应电缆的自适应算法可以滤除环境的影响，如植被、雨、雪、风沙等。

埋地式感应电缆适用于室外及室内无磁场干扰的区域。它可全天候工作，不受阳光、温度、雨雾等因素的影响；安全性较高，对防范区内的绿化植物不需去除，对距泄漏电缆下方 0.5 m 且在防范区内的地下活动目标亦有探测功能，适用于各种复杂地形，不受地形的高低、曲折、转角等限制，不留死角。泄漏电缆可根据周界形状轮廓埋入地表隐蔽安装或者直接装入 PVC 管内平行固定在墙体上。

泄漏电缆系统优缺点包括：

①系统受天气影响极小，相对稳定；

②系统布设隐蔽，一般埋入地下或装入墙内，不影响现场的外观；

③系统属无形探测场，入侵者无法察觉探测系统的存在，无法避开或破坏系统；

④可以埋在大部分介质里，如土壤、沙地、黏土、混凝土等；

⑤系统造价昂贵；

⑥系统易受电磁场的干扰产生误报；

⑦泄漏电缆不适合大范围使用，长度约 100 m；

⑧系统需要供电，能耗较大；

⑨土壤湿度会影响报警准确性，会因地面积水或金属移动产生误报。

（3）校园巡更系统的技术

电子巡更系统分为在线式和离线式两大类。在线式电子巡更系统的缺点是施工量大、成本高，室外安装传输线路易遭人为破坏，对于装修好的建筑再配置在线式巡更系统更显困难，也容易受温度、湿度、布线范围的影响，安装维护也比较麻烦。

离线式电子巡更系统相对于在线式电子巡更系统的缺点是不能实时管理，如有对讲机，可避免这一缺点。它的优点是无需布线、安装简单、易携带、操作方便、性能可靠，不受温度、湿度、布线范围的影响，系统扩容、线路变更容易且价低又不易被破坏，系统安装维护方便。

离线式电子巡更系统分为接触式巡更系统与非接触式巡更系统（也称感应式巡更系统）两类。接触式巡更系统中巡更人员手持巡更器需要通过接触信息钮生成巡检记录信息。非接触式巡更系统不用接触信息点就可以在一定的范围内读取信息，它的不足之处是易受强电磁干扰。

（4）校园出入口管理系统的技术

目前，校园出入口管理系统按功能分为标准出入口管理系统和车牌识别出入口管理系统两大类，具体技术分析如下：

第一，标准出入口管理系统。标准出入口管理系统是指基于现代化电子信息技术，在停车区域的出入口处安装自动识别装置，通过非接触式卡来对出入此区域的车辆实施判断识别、准入、拒绝、引导、记录、收费等智能管理，其目的是有效地控制车辆与人员的出入，记录所有出入信息并自动计算收费额度，实现对场内车辆与收费的安全管理。出入口管理系统集感应式智能卡技术、计算机网络、视频监控、图像识别与处理及自动控制技术于一体，对出入的车辆进行自动化管理，包括车辆身份判断、出入控制、车位检索、图像显示、车型校对、时间计算、费用收取及核查、语音对讲、自动取（收）卡等系列科学、有效的操作。

标准出入口管理系统按照常用读卡方式分为以下不同场景：

①近距离：使用 IC 卡，感应距离 3 ~ 5 cm。

②中距离：使用 ID 卡，感应距离 30 ～ 100 cm。

③中长距离：使用 RFID 无源卡，感应距离 3 ～ 5 m、8 ～ 15 m 可选。

④远距离：使用有源卡，感应距离 3 ～ 25 m，读卡范围可自由调整，可穿透防护膜。

校门出入口近距离管理系统大多采用近距离 IC 卡或 ID 卡，当通过校门出入口时，车辆都须停下，车主解下安全带，摇下车窗，伸出手来把卡片贴近票箱读卡，临时车主则需要先从票箱取卡，被正确识别后才可以通行。但是在炎热夏季、寒冷冬季、刮风下雨等恶劣的天气情况下，车主极其不便。

出入口中远距离管理系统除了造价高的缺点外，性能远远高于近距离出入口管理系统，随着技术的发展，中远距离读卡系统的建设成本迅速降低，造价和近距离读卡系统相当，远距离读卡取代近距离读卡是必然的。远距离电子车辆识别是出入口发展的趋势，新一代的出入口管理系统采用远距离读写卡，不需停车，不需摇窗，能在 3 ～ 20 m（可调）距离识车上的 RFID 卡片，自动控制道闸开启，车辆快速通过。系统简化了车辆进出的手续，缩短了车辆进出的时间，减少了出入口管理人员的数量，提高了车辆管理效率；进出场无须停车、出示证件，给车主提供很大的便利，体现管理的人性化，同时也提高了驾驶的安全性。

第二，车牌识别出入口管理系统。车牌识别技术以计算机技术、图像处理技术、模糊识别为基础，建立车辆的特征模型。它是一个以特定目标为对象的专用计算机视觉系统，能从一幅图像中自动提取车牌图像，自动分割字符，进而对字符进行识别。它运用先进的图像处理、模糊识别和人工智能技术，对采集到的图像信息进行处理，能够实时准确地自动识别出车牌的数字、字母及汉字字符，并直接给出识别结果，使车辆的电脑化监控和管理成为现实。

车牌识别型管理系统主要由入口系统、出口系统和管理系统组成。入口和出口系统主要由高清车牌识别设备、拍照补光设备、自动道闸等组成，主要作用为记录入口和出口车辆的全部信息，实现无障碍通行。管理系统主要由数据存储、设备管理和识别对比管理软件组成，主要作用为汇总管理各出入口车辆的数据信息，为出入口车辆比对提供数据交互。

车牌识别出入口管理系统减少人工参与，从而最大限度地减少了人员费用和人为失误造成的损失，同时不需要读卡，避免了卡遗失的风险，从而提高了整个校园出入口的安全性与使用效率。该系统是一种新型无障碍入场出入口管理系统。司机不需要在出入口停车，当车辆进入校门入口时，车牌识别器自动抓拍车辆照片并识别车牌号码，并且系统将车牌号码、车辆颜色、车型、车辆入场时间等信息传给管理计算机，车辆可无障碍进出，为用户提供了一种崭新的服务模式。

系统自动识别出入口车辆的号码和车辆特征，验证用户的合法身份，自动比对黑名单库，自动报警，并可对整个出入口的情况进行监控和管理，包括出入口管理、内部管理、采集并存储数据以及系统工作状态等，以便管理员进行监控、维护、统计、查询和打印报表等。

（二）智慧校园的安防综合管理系统

1. 安防综合管理系统的结构功能

由不同专业安防系统构建而来的多功能应用系统即为安防综合管理系统，公共环境安全维护、人身损失等的预防为其基本功能。软件中间件概念是设计安防综合管理系统的基本依据，其在全面融合专业性安防系统前提下，提供通用服务（综合管理应用和专业安防系统）。

校园安防综合管理系统能实现采集层、存储层、控制层、表现层的划分。用户和系统之间信息交互的层即为表现层。表现层内的安防综合管理系统界面展示由报警喇叭、矩阵电视墙、计算机终端等手段、方式实现，以此对用户多方位信息获取、信息展示的需要提供满足。此类系统的中枢或核心在于控制层，该层可以适度响应源于表现层、存储层的指令、数据，以此完成智能化响应、系统联动。源自采集层的数据存储是存储层的基本功能，系统的记忆核心即为该层。系统配置与规则信息、用户信息同时涵盖其中。校园安防综合管理系统中的采集层和普通安防系统采集层并不一样，校园安防综合管理系统中的采集层主要是指消防系统、视频监控系统等所有专业安防子系统。而普通安防系统采集层主要是指安防系统基础传感装置，如门禁、摄像机等。

2. 安防监控集成系统的关键技术

（1）网络数字监控系统

网络数字监控系统是新型数字监控系统，其主要依托于互联网，计算机是后端的监控终端，视频服务器（通过模拟摄像机完成视频采集）或网络摄像机为其前端。通过网络通信传输、实时控制、压缩加密、图像数字化等技术，前端网络视频服务器或网络摄像机把视频数据压缩加密，以 TCP/IP 协议为基础，经由 Internet 或局域网及内嵌视频服务器向用户终端传输。以 IP 地址为依据，采用标准网络浏览器，用户即能于其个人计算机中访问网络摄像机，进行摄像机镜头控制，完成实时图像查看，以此全方位实时监控目标，这就是其工作原理。

把传统模拟闭路电视监控存在的现实局限性克服，是网络数字化监控系统的主要特征。第一，在广域网、局域网上能完成数字化视频的数据传输，信号传输安全和距离没有影响；第二，模拟布线被综合布线替代，数字视频能通过计算机网络联通，不必重复布线，可以重复使用网络带宽；第三，经由网络能把大系统（监控点成百上千）实现，存储极其便捷，光盘或磁盘阵列内能储存压缩视频数据，异地管理、检索、查询、存储都可以轻松实现，发展空间巨大。

总而言之，校园安防系统的运行目标极为清晰，就是以智能化、低成本、高效率、安全性为前提，把人性化、使用简单、环境保护等特征尽可能展现。

（2）客户端集成系统技术

Linux 系统集成于客户端内，这种操作系统源代码开放，与 UNIX 系统相似，与 POSIX 标准的操作系统相符。计算机技术领域内的两个探索热点是嵌入式系统、Linux 系统。开放性操作系统是设计视频监控系统的主要平台，因为这种平台的特点表现在：网络功能强大、支持多种硬件平台、内核精简、源代码公开等。在嵌入式领域内，此类操作系统使用频率极高。在嵌入式 Linux 系统中，设计 USB 摄像头驱动以及提供 Video4-Linux 模块编程接口的基础上，视频数据采集最终能得以实现。采用视频压缩算法（MPEG-4 视频压缩标准）XVID 编码器压缩基于模型的视频数据；MPEG-4（服务器端）视频流 RTP 包策略基于实时传输控制协议与流实时传输协议的基本协议，将采用 JRTPLIB 库把 RTP/RTCP 协议架构实现，让实时发送 MPEG-4 视频流成为现实。

（3）视频采集压缩技术研究

静态图像方面，当前采用的是有较高压缩比、肉眼难以辨认、失真极小、具有无损压缩特征的 JPEG 格式。不过有损压缩同样获得其支持，只是压缩比相对低些而已。网络程序、多媒体等技术现已普遍采用 JPEG。JPEG 文件包括压缩数据、标记码这两个部分。图像量化表和 Huffman 表中的宽和高等图像的全部信息由标记码提供。JPEG 编码能进行无失真压缩（使用预测器）及 DCT 有失真压缩（基于离散余弦变换）。支持 8 位或 12 位像素点扩展图像处理模式与只支持以 8 位标识的各像素点基本图像处理模式是基于 DCT 变换 JPEG 的两种类型。经由 DCT 变换，8*8 图像低频分量在左上角集中，右下角则集中了其高频分量。因为亮度等基本图像信息均处于低频分量，所以，图像高频分量可以在编码过程中忽略，以此来实现压缩目的。信息损失主要是因为量化，当某值与对应值（量化表）相除时，因为量化表右上角的值较大，左上角值较小，高频分量抑制，低频分量保持，目标因此实现。YCbCr系统是 JPEG 所采用的颜色系统，色调信息是 CbCr，亮度信息是 Y，粗量化CbCr，细量化 Y，以便把压缩比提高。

Motion JPEG 简称 MJPEG，也就是动态 JPEG，以 25 帧 / 秒为参照，视频信号压缩采用 JPEG 算法来完成，动态视频就以此来压缩的。JPEG 专家组制订形成了其压缩规则，每一帧均要压缩，一般而言，压缩率能达 6∶1，不过其比率依然无法满足全部需要。这有点类似于各帧均为独立图像，一帧帧画片就是 MJPEG 图像流单元。由于能任意存取每一帧，因此，其在视频编辑系统内被普遍应用。全运动、全屏、高质量视频可经由动态 JPEG 形成，不过其对附加硬件有依赖性。因为 MJPEG 格式并不规范，生产商 MJPEG 版本各异，文件互相识别在不同生产商之间难以实现。

集同步组合影像与语音于一体的文件格式，即为 AVI，也就是音频视频交错格式。其为视频文件选择并运用的是有损压缩方式，有较高压缩比，虽然画面质量较低，不过其却有极广的应用范围。AVI 能对 256 色压缩提供支持，多媒体光盘是此类信息应用的主要对象，电影（视）等各种影像信息均可存放其中。当前，最流行的视频压缩格式即为压缩算法，设计智能化管理系统时建议采用 AVI 压缩算法，这是因为其压缩格式有较高的视频压缩率，视频监控标准可以支持画面质量，同时，可以由视频内轻松抽取图像算法。

（4）视频传输技术研究

互联网工程任务组（IETF）的音（视）频传输工作组开发了实时传输协议 RTP，其能进行实时数据发送，在数据包头内提供编码类型，包内有数据包序号、数据采样时刻，以信息传输给接收方为目标完成编码类型协商，能进行收获数据包排序等。除此之外，进行发送者的部分标志信息传送、监控传输质量是 RTCP 的实时控制协议基本功能。研究及测试证实，RTP/RTCP（实时控制协议）能提供有效的实时数据传输机制。

接收、发送 HGRP 数据包由可靠传输协议负责。可靠发送指的是进行有保障的、有序的数据包发送。可靠组播（私有算法）是有保障发送的基本依据，其采用 224.0.0.10 组播地址。使可靠组播数据包接收的邻居均会把单播确认数据包（1 个）发送出来。将 2 个序列号列入各数据包内即可以完成有序发送的目标。各数据包内均有来自该数据包的一个路由器分配序列号，各路由器如果完成新数据包（1 个）发送，该序列号则会展开，递增发送，发送路由器会从目的路由器最近收获的数据包序列号放在该数据包内存储。不可靠发送同样能被 RTP 采用，无须进行确认，但序列号此时不会包括在 EIGRP 数据包内。

局域网中的视频传输（基于 RTP）由 Socket 完成。其中，回放处理、数据捕捉以及数据缓冲区分配等由视频输入（出）控制负责。捕捉的视频数据由 RTP 协议处理接收，完成 RTP 数据包封装，且向下层协议处理发送，进行下层递交报文接收，进行视频数据还原后，向视频输入（出）控制提交，以便把回放展开。控制报文的传输、形成、分析及接收由 RTP 协议处理负责。

二、智慧校园的一卡通系统

随着我国社会事业的不断发展和信息化技术的不断推广，越来越智能化的技术得到迅速发展，一卡通系统得到了广泛的应用，并已经普遍应用于我国大部分高等学校的管理过程中，比如说教务系统、管理图书借阅、食堂就餐、生活缴费、医疗服务以及门禁考勤等各个方面，让高等教育的发展更加全面化。在全新的管理方式下，一卡通系统更需要做好安全服务方面的工作，主要是因为信息化技术的不断发展容易引发各种安全问题，无论是学校还是具体的用户方面，都会因为信息方面的问题而出现数据错误的情况。任何数据出现问题，比如说遗漏、篡改、泄密，或者是出现误差，都会成为安全性设计潜在的隐患。因此，作为高校还需要重视对智慧校园一卡通的安全性管理工作，不断优化一卡通的技术设计，进一步提高智慧校园一卡通的技术水平。未来我国高等教育事业的智慧化发展需要更安全可靠的技术加以支持，为我国今后的高校管理和服务提供更安全的技术保障，减少管理工作中存在的安全隐患，避免因为信息错误和数据安全问题影响到用户的使用，甚至造成巨大的经济损失。

（一）校园一卡通系统的发展

1. 校园一卡通系统的发展历程

校园一卡通系统是学校的一套信息化应用系统，它以卡片为媒介，利用系统软件和卡片读写机制实现校内电子支付和身份认证功能，并带动学校各部门的信息化、规范化管理。师生凭卡在校内进行活动和消费，从而实现"一卡在手，走遍校园"。校园一卡通系统是智慧校园建设的重要组成部分，是提供校内信息采集的信息化基础工程之一。

校园一卡通系统是随着信息技术的不断发展而逐步完善的。纵观校园一卡通系统在国内的发展历程，可分为以下阶段：

（1）食堂就餐卡阶段

食堂就餐卡是校园一卡通的雏形，与此相类似的还有上机卡。20世纪90年代初期，为满足食堂的消费结算需求，各高校逐步建立了食堂售饭系统，使用饭卡减轻了食堂的账务压力。从卡片介质上看，主要包括条形码、磁条卡、光电卡等。光电卡由于适应食堂高温、油污的使用环境而迅速占据主流地位。在飞利浦 Mifore one 卡片（以下简称"M1"卡）普及后，光电卡逐渐被替代，并最终退出了校园卡领域。食堂就餐卡只具有单系统的结算功能，并不能算是校园一卡通，但是食堂售饭系统作为校园结算最重要的一个系统，对推动校园一卡通系统的形成和发展起到了重要作用。

（2）单一系统与应用阶段

M1 卡的广泛使用为校园内各系统持卡认证和结算提供了便利。作为一种逻辑加密卡，相对于以往的磁卡、光电卡和 ID 卡，M1 卡的安全性较高。随着信息技术应用的深入，校内各部门结合自己的系统需求推出部门级的卡片应用。由于各系统相互独立，数据不互联互通，呈现"多卡并存、各自为战"的局面。一些高校为减少持卡成本，利用 M1 卡不同扇区将多个应用集成到一张卡片上，但数据层仍然独立，此时仍不是真正意义上的一卡通，而是"一卡多用"。与卡片相关的信息变更如挂失、补办等，仍需在各个系统中进行人工传递与人工处理。

（3）集成整合应用阶段

在经历"一卡多用"的实践后，校内各系统的用卡需求被清晰地定义为两个属性，即身份认证和结算支付，以这两个属性为主的全局性应用系统应运而生，真正意义上的校园一卡通系统出现。它以统一的数据处理中心为核心，集成整合校内各个有需求的应用系统，为全校师生和管理机构提供统一身份认证和统一支付结算两大服务，在一个平台上实现了"以卡代证""以卡代币"的功能。

（4）全局应用扩展阶段

目前，校园一卡通系统的发展正处于全局应用扩展阶段。经过不断的应用和发展，在高校和一卡通厂商的共同探索和推进下，技术更加成熟，功能更加完善。校园一卡通系统更加强调对学校人、财、物的资源整合与共享，更加关注对学校管理者和终端持卡人服务价值的体现。随着智慧校园建设进程的加快，学校服务观念的加强，校园卡应用已经扩展到学校教学、科研、管理和服务的各个领域，用户对校园卡系统的人性化、智能化、多样化应用提出了新的需求。

2. 校园一卡通系统的技术现状

目前，国内高校基本都建立了校园一卡通系统，实现了门禁、考勤、图书借阅等的身份认证和食堂就餐、超市消费、淋浴水控等支付结算功能。尽管不同高校校园一卡通的应用水平存在很大差异，但各主流一卡通厂商在产品技术上并未表现出本质化的差异。

（1）主要的技术应用状况

目前，大多数高校的校园一卡通系统在技术上具有同质性，具体表现在以下方面：

第一，从系统结构上看，主流的一卡通厂商普遍采用"1+X"的系统结构，即校园一卡通系统由一个数据平台和若干个应用子系统构成。在一个平台的支持下，各应用子系统可以根据需要添加和删减，从而实现校园一卡通系统的灵活应用。

第二，从系统的记账机制看，一卡通产品基本上使用卡库两套账的记账方式。由于售饭、淋浴等基础后勤服务不可中断，在网络故障的情况下必须使用脱机消费，而在脱机消费的情况下，数据库记录的账户金额不能反映持卡人账户的真实情况，因此需要在卡片上记录余额，通过比对卡、库两个余额判定持卡人的账务。卡库对账的记账方式能够在很大程度上真实地反映持卡人的账户余额，避免单纯以卡为准或以库为准给持卡人、商户或者学校带来损失，但是由于消费流水延迟、消费流水丢失、写卡余额失败等原因，相当一部分持卡人账户会出现卡库不平现象，账务核对和处理会极大地增加卡务人员的工作量，也会给持卡人带来许多不便。

第三，从卡片介质上看，目前高校普遍使用 CPU 卡，这主要是源于 M1 卡易被破解的安全性考虑。M1 卡作为一种逻辑加密卡，具有单向加密认证的功能，其价格低廉、认证速度快，在进入一卡通市场后一直占据着绝对的统治地位，被广泛应用于校园卡、城市卡中。2008 年德国科学家宣布破解了 M1 卡，此后，校园一卡通系统普遍转向了安全性更高的 CPU 卡。CPU 卡采用卡片与机具双向认证的模式，并且在认证过程中加入了随机数，安全性得到了极大的提高。

第四，从系统使用的机具上看，具有典型意义的售饭机、淋浴水控器等成批量应用的设备仍然以单片机为主，只是从早期的 8 位单片机普遍升级到目前的 32 位 ARM 单片机。部分高校在个别应用场合使用 Android 系统的机具，但尚未能形成规模性应用。

第五，从子系统组网看，食堂、浴室等成批量设备应用的场合仍使用 RS-485、CANBus 等总线组网方式，通过上位机连接到系统平台。总线组网具有布线简单、稳定可靠的优点，能满足简单数据传输的要求，但其传输速率有限，难以进一步扩展应用。

第六，从系统功能上看，校园一卡通系统集中于消费结算和身份认证两方面。主流的消费结算功能包括银行卡圈存、对接第三方平台充值（如微信、支付宝）、POS 机扣费（包括食堂及其他通用场合）、水控应用（淋浴、饮用水计费）、对接第三方系统联机扣费（如网费、电费、考试报名费等）；身份认证功能包括门禁通道、图书借阅、考勤签到、体育中心管理、实验室管理等。厂商提供的系统一般带有数据分析功能，但是由于其分析偏弱程式化，灵活性不强，而各高校基础数据存在差异，个性化要求较高，故系统自带的数据分析功能偏弱，高校自主开发进行数据分析应用的情况较多。

（2）新技术的应用尝试

校园一卡通系统发展至今已有十余年时间，信息技术在不断进步，无论是高校还是厂商都在探索着一卡通应用的新技术。典型的新技术包括手机一卡通、与互联网结合的无卡支付以及纯在线交易系统，这些应用技术反映了一卡通的发展趋势，为一卡通的发展积累了经验，对校园一卡通系统的技术进步起到了积极的促进作用。

总体而言，与信息技术的迅猛发展相比，校园一卡通系统技术进步显得迟缓，目前大多数高校在用的一卡通系统的技术与多年前的技术相比并无实质性的改变。其中可能有三方面的原因：一是校园一卡通系统关系到校园生活的各个方面，对系统的稳定性要求较高，学校不想随意采用尚不稳定成熟的技术；二是建设校园一卡通系统的投资较大，更换成本高，学校倾向于在原有系统上进行更新改造，难以接受推倒重来的技术方案；三是校园一卡通的行业集中度较高，厂商研发新技术的驱动力不强。

3. 校园一卡通系统的发展趋势

（1）无卡化技术

校园卡的传统支付领域需借助读写设备才能完成，应用环境的约束以及离线交易的管理要求限制了一卡通的消费支付功能，而在二维码扫码支付功能日益成熟和可面向师生服务的大背景下，无卡支付成为校园一卡通发展的必然趋势。

手机一卡通是校园一卡通系统最早的无卡支付探索，主要技术包括SIMPass、RFID-SIM 和 NFC。SIMPass 是在原来的 SIM 卡上贴上一个天线或定制带有天线后盖的手机，利用天线与一卡通机具进行读写，SIMPass 技术需要使用通信运营商定制的手机。RFID-SIM 是在手机中使用带有 RFID 功能的 SIM 卡，利用 RFID 技术与一卡通机具进行读写，该卡需要向通信运行商定制。使用 SIMPass 与 RFID-SIM 技术时，在运营商参与投资的手机一卡通系统中，一般会带有排他性，由一个运营商垄断某一个学校的手机一卡通。NFC 即近场通信技术，具有主动和被动两种读取模式，能在单一芯片上实现读卡器、卡片和点对点的功能，是一种极具应用前景的非接触式通信技术。

在微信和支付宝的推动下，二维码支付在手机支付领域迅速占据绝对主流地位，一卡通厂商和许多高校也在逐步探索如何将校园卡与扫码支付进行有机融合。部分高校先在食堂、超市中使用二维码扫码器，对校外临时消费人员和忘带卡、遗失卡的师生进行收费，但其账务明细并未并入校园一卡通系统，实际上是独立于校园卡的一种收费方式。为了更紧密地结合校园卡与扫码支付，一些高校在校园卡账户基础上与微信、支付宝合作开发，推出了线上手机校园卡，使用手机动态二维码进行身份认证和扫码支付。

（2）在线交易系统

为适应"互联网+"的支付要求，一些系统厂商推出了在线交易模式的校园一卡通系统，并采用特定的方式处理脱机消费，既保障了校园卡的传统功能，又实现了校园卡面向服务的深度应用。在线交易系统把在线交易作为校园卡交易的常态，把脱机消费作为校园卡消费的特例，与银行卡系统类似，每一笔交易均检验设备的在线状态，在线交易时只进行后台数据库的更新，余额数据不写入卡片。脱机消费时把校园卡作为一个信用卡，在卡片的信用额度内写入卡片的透支数据，待下次在线交易时将透支数据平账。

此外，在线交易系统与传统卡库平账机制系统相比而言，具有明显优势。首先，节省系统的建设投资。由于需要写卡，基于卡库对账机制的校园一卡通系统需要广泛布设自助终端以满足圈存、缴费等交易的写卡需求。而在线交易系统无需写卡，可以利用手机、电脑等能联网的终端直接完成圈存、缴费等交易，在面向服务的大背景和设备价格高昂的现实下，可以大幅地减少自助服务终端的布设，从而节省系统的建设投资。其次，解决了卡库不平的对账难题。只要允许脱机消费并且采用卡库对账机制，卡库不平的现象就不可避免。在线交易系统以实时交易的数据库记录为准，对脱机消费采用 POS 机流水与卡余额双向校对，较好地解决了卡库对账问题。除非脱机消费时出现 POS 机存储芯片不可修复的损坏且持卡人永久停用卡片的极特殊情况，否则其账务不存在缺陷。最后，拓宽了自助服务的范围。传统写卡交易依赖于机具，而在线交易系统只依赖于网络，从而极大地拓宽了自助服务的范围，可以将更广泛的收费项目纳入系统中结算。更重要的是，在线交易系统解决了传统无卡支付分账户的弊端，实现卡账户与电子账户合一，为卡片载体多样化和无卡支付扫清了障碍，从而实现了校园卡与互联网支付的融合。可以预见，在线交易系统将引领新一代校园一卡通系统的发展。

（3）系统开放与共享

生产型企业以"ERP（企业资源计划）"为核心的信息化管理早已广泛使用在高校领域，而"URP（综合教务系统）"的概念被提出并经过讨论多年，尚未得到真正实施。高校面临的困局是，高校的诸多应用系统都是独立的，受使用习惯、业务黏合度与复杂度、不同厂商产品的可融合性等诸多因素的影响，使各个应用系统之间缺乏合理的融合。此外，建设符合高校当前管理和服务需求的应用系统，并实现应用系统之间的融合，从而不断地创造出更为合理的新业务，最终实现信息化推动和促进管理体制的发展和创新，这应该是高校信息化发展的思路。

在此背景下，作为智慧校园基础的组成部分，校园一卡通系统应该融合教学、科研、学习、生活等各方面的应用，以开放的心态和全局的眼光为新的业务流程和管理模式提供支持。在融合与创新的过程中，校园一卡通必须具备开放共享的能力。此外，在目前缺乏统一行业标准的背景下，一卡通系统厂商不能仍坚守着"软硬件捆绑"的发展模式，而应该以更加开放的系统和更加灵活的体系结构去满足学校的发展要求。

（4）大数据分析与利用

在"互联网+"的大背景下，大数据分析技术日益成熟，对数据的分析利用越发得到学校管理部门的重视。校园一卡通在校内广泛应用，涉及学习、工作、生活的各个方面，随着它与其他信息化系统的融合逐步深入，系统产生和存储了大量的运行数据，这些数据对于学校的管理和服务决策有着很高的利用价值。如何把这些数据转变成决策服务的依据，是校园一卡通系统发展更深层的需求与目标。

（二）智慧校园一卡通系统的架构层

智慧校园一卡通系统的结构，最重要的就是对每一个架构层都要进行安全检测，而系统的架构层包含物理层、数据层、应用层以及中间件层。

第一，物理层。物理层是整个智慧校园一卡通系统运行的基础，设施不仅包括了网络设备、服务器等物理设备，还包括了磁盘等软件设计，设备与软件之间的相互连通，更能提供全面的技术保障。

第二，数据层。数据层由智慧校园一卡通中心的数据库以及管理中心组成，包括对数据的缓冲服务系统、数据调度系统、服务组以及技术组上都有更安全的管理工作，进一步实现智慧校园一卡通系统数据的采集和处理工作。

第三，应用层。应用层是用户能够感知和体验到的业务系统，所有的子系统必须经过核心平台管理中心的授权，才能够进入到智慧校园一卡通的中心平台，并接受统一规范的管理，这样一来在能够保证用户在操作上更加统一和规范，同时也是在进一步保证校园一卡通建设的稳定性。

第四，中间件层。中间件层的主要作用是为了隔开智慧校园一卡通中心数据库与应用层，使得用户无法直接对数据库进行操作，避免出现不确定的安全隐患，数据库更应当由管理工作人员进行专业化的操作，以此来保证数据的安全稳定。另外，对于这方面的管理需要更加科学规范，严格按照数据访问策略才能够对数据库进行访问，从数据管理方面严格落实，从根本上减少安全问题。

（三）智慧校园一卡通系统的安全问题

1. 数据安全问题

安全性是智慧校园一卡通系统的重中之重，因为该系统不仅包含了许多教师和学生的基本信息和重要信息，还备份了许多其他的交易数据，所以要控制好整个系统的风险性，保障系统的安全。如果在数据安全方面存在一定的隐患，则会对数据管理产生不利影响，甚至会影响到管理个人信息的效率和效果，进而对智慧校园一卡通系统的发展产生阻碍。要想实现数据安全必须对两方面进行控制，分别是用户访问信息和安全访问，只有将这两方面的工作做好，才能推动信息授权工作有序和规范的开展。在一卡通方面，用户的权限主要是使用卡片和充值，系统管理必须保障用户各项数据的安全，避免用户在使用过程中出现安全隐患问题。如果出现不当的权限设置问题或操作过于简单的问题，则很容易泄露用户的数据信息，如果严重的话，则会对学校的名誉和学生个人的生活产生不利影响。安全存储有利于让数据库的安全性得到进一步保障，特别是多做几个备份，一旦遇到突发情况，还可以通过系统操作提供相应的保障，避免发生丢失数据的情况。

2. 终端系统问题

智慧校园一卡通系统包含两种终端方式，分别是POS（销售终端）和工作站。该系统基于这两个平台实现前台工作人员和一卡通的连接，以完成卡片的充值操作和信息处理。一旦一卡通出现软件未及时更新或内网出现异常等情况，病毒便很容易侵入到一卡通系统中，此时要想对入侵的病毒进行处理，则难度较大，而且还要对内网工作站是否存在病毒进行排查，如此才能让校园网的稳定运行得到保障。但是，部分学校不太重视一卡通的内网建设，因此在终端系统中会有各种各样的安全问题出现。所以，设计好校园一卡通的安全性是保障一卡通系统稳定运行的关键。其中，最重要的是保障一卡通内网终端系统的安全，否则会对个人用户信息产生不利影响，严重的话还会威胁到整个校园网的运行。此外，如果有病毒入侵工作站，则也会对系统的终端产生不利影响，所以还要做好检查病毒入侵的工作，不定期地维护和检查工作站的运转情况。同时，还要随时更新和维护工作站的各项工作，让智慧校园一卡通技术的安全性得到保障。

（四）智慧校园一卡通系统的安全性设计

1. 优化网络环境

网络是使用校园一卡通时必不可少的工具，一卡通中的数据信息要通过网络才能进行传输。所以，我们要对一卡通网络环境的改善加强重视，将与网络环境相关的安全工作做好。一般来说，数据信息在局域网中得到安全的传输便是网络安全。由于一卡通在日常运转中，能够对访问者的真实身份进行明确，所以在保护网络安全时，学校要与校园网的实际情况相结合，监督和管理网络环境，通过一些有力的网络安全保护举措对网络环境进行改善和保护。校园网络环境的改善可以通过以下两种方式来实现：

（1）建设一卡通专网

人们一般利用 VLAN 的方式对一卡通专网进行建设，以独立的网络系统作为支撑，从而不断提高一卡通系统的网络安全性能。就网络设计来说，独立的专网能保障一卡通系统的安全性，而且利用专网能够对专用的虚拟网络进行建设，不断降低一卡通设备的硬件系统出现异常情况的概率，从而节约硬件资源的成本。从理论上来说，学校建立了一卡通系统的专网之后便与校园网分开使用，专网的建设基础是校园网，将一卡通系统的专网设置在覆盖校园网的地方，可以保证在校园的任何地方都能正常使用一卡通设备和卡片，并且要不断提高一卡通系统的安全性，从而给予全校师生更佳的一卡通服务系统体验。

（2）将校园网和一卡通专网分开使用

为了不断提高一卡通系统的安全性，学校要将应用网关设置在一卡通专网和校园网之间，对校园网和一卡通专网进行有效分离。由于校园网拥有庞大的使用人群，他们利用校园网对各种网站进行浏览，对各种资讯进行阅读，接收各种信息；所以，校园网要对海量的网页内容和数据信息进行处理，在数据信息泄露方面面临着更大的风险。为了不断提升一卡通专网的安全性能，要将相应的应用网关设置在一卡通专网和校园网的核心交换机部位，在校园网中设置防火墙，以帮助校园网自动过滤存在安全隐患的数据信息，对一卡通用户访问一卡通系统和其他网站或网页的行为进行有效控制，从而使一卡通用户的数据信息更安全。

2. 系统架构安全设计

一卡通系统的安全性，最重要的因素之一是操作系统，学校可以通过加强设计和管理系统内部架构来提高一卡通系统的安全性。因为一卡通系统正常运转时会对部分软件进行应用，所以也要保障软件的安全性，软件的安全性主要包括应用软件的安全、系统账号的安全和系统文件权限安全三方面的内容。只有把安全性作为设计系统框架方案的重要内容之一，才能对一卡通系统的整体安全进行保障。

（1）系统设计的改善

一般来说，会有两三台数据库服务器设置在智慧校园一卡通系统内部，通过这些服务器对一卡通设备传输过来的数据信息进行有效处理，同时，还能对数据信息进行存储和共享，使一卡通系统实现持续性的正常运转。基于这样的系统设计，即使一卡通系统遇到突发情况无法正常运转，其数据的一致性和安全性也不会受到影响。而且在双机环境下，一卡通系统中的数据库能与自身的 IP 网络相结合，自动备份数据信息，避免因为意外情况发生导致用户数据信息消失的问题。因为有多台数据库服务器设置在一卡通系统中，因此能把两台一体机设置在不同的地方以实现远程恢复数据，这样一来，数据库的异地备份功能便实现了，这有利于进一步提升一卡通系统的安全性。此外，基于一卡通应用平台，还可以对虚拟化平台部署进行构建，一旦原有的应用服务发生了异常情况无法正常运转，便能使用虚拟恢复方案进行补充或弥补，使一卡通系统的数据安全得到保障。

（2）对用户权限加强管理

加强用户权限的管理也是保障一卡通系统安全性的重要举措，从而避免用户因为自身操作不当导致的一卡通系统运转异常的问题。一卡通系统要对用户访问系统的权限进行严格控制，避免发生用户篡改数据库的问题，特别要避免发生用户修改系统日志的问题。一旦出现了这些操作，便会对一卡通系统的安全性产生不利影响。就普通用户来说，一卡通系统要对他们在允许范围内做出的系统操作进行严格限制，还要将校验装置设置在系统内部，随时随地检测用户的异常操作和异常数据信息，一旦发现了异常操作便要及时报警或将预警信息发送给系统管理者，系统可以定期有效组织用户修改数据库和系统日志，系统还要通过日志及时记录用户进行的各种修改操作，如果系统出现任何问题，那么就可以追查到具体的用户个人。

3. 数据安全设计

（1）更加安全的存储

存储安全是数据安全的重要内容。因为一卡通系统在正常运转时，必须要利用数据信息进一步核定用户是否为本人，使用前需要存储一卡通用户的个人信息。对用户的个人数据信息进行存储时，必须要保证这些信息的安全性，避免发生泄漏数据信息或错误存储数据信息的情况。以安全系数级别的高低作为重要依据，对数据库系统进行选择，访问数据库时，要设置数个关卡进一步验证用户的身份，比如网络验证、数据库验证和主机系统验证等等，促进数据存储安全性能的不断提升。集群式数据库模式在现在的一卡通系统数据库中使用较多，能够加密存储用户的一些敏感数据信息，用户可以修改加密的密码，以实现更加个性化的安全性能设置，还可以及时调整数据库访问机制，严格区分访问权限，对访问时间和部分数据信息的访问权限进行控制，即使是用户也不可能看到所有的数据信息。

（2）安全传输

传输数据是正常运转的一卡通系统需要完成的工作之一，但是传输数据时很容易发生泄露数据信息的情况。因此，人们会将加密传输的方式融入一卡通系统的数据传输过程中，以非常严格精密的算法作为技术支撑，能有效降低密码泄露的概率，让持卡人的数据隐私得到有效保障。现在还会使用设备接入和签到的方式进一步核实持卡人的身份，以密码算法作为基础对临时交换的密钥进行应用，从而推动加密传输数据的实现，传输信息数据的安全性会随着密码复杂程度的提高而不断增加。Des加密和动态密钥在校内终端设备中使用较多，基于这些方式都可以交换临时密码，每次对数据进行传输时利用不同的密钥交换传输不同的数据信息，从而不断提高一卡通系统数据传输的安全性。

（3）增加数据纠错功能

我们还可以将 485 总线网络组网方式应用到一卡通系统中，一旦系统出现了网络故障或网络中断的异常情况，消费终端便可以实现脱机消费，进而在终端设备上保存交易记录，待网络恢复正常后再自动向数据库上传消费记录，促进数据纠错功能的实现。如果因为其他情况导致数据信息无法及时记录在数据库中，或者数据信息出现错误，则要在系统中对数据纠错功能进行设计。将挂账机制设置在一卡通系统内部，便可以暂时保留已经完成的消费记录，待一卡通系统恢复正常运转之后，再自动上传正确的数据信息，避免损害用户的利益。同时，数据纠错机制的增加还有利于财务系统更准确的核对数据信息。

4. 卡片安全管理

目前，许多一卡通系统都将 CPU 卡作为卡片，为了提高卡片的安全性，一卡通系统还可以根据不同用户的不同需求归纳卡片的类型。学生的学号、性别、卡号等个人基本信息都包含在一卡通系统内。因此安全管理一卡通卡片非常重要。与普通的卡片相比而言，一卡通卡片的加密技术更高级和严格，通过 cos 的协同安全技术和芯片双重保障卡片的安全。而且在使用一卡通的过程中，基于 cos 安全技术，限制了重试密钥的次数，避免有些人利用反复尝试输入密码的方式对卡片的密码进行破解。通过安全管理执法人和一卡通设备有利于卡片安全管理的实现。

（1）安全管理持卡人

技术人员可以将黑白名单功能添加到一卡通系统内部，把一些数据使用中出现异常，或者监控过程中发现存在问题的一卡通用户拉入黑名单。此外，一卡通卡片的持有者对数据信息进行核实之后，还要处理好后续的问题或信息，以免由于一卡通卡片丢失而损害持卡人的利益。一卡通系统也要设置实时生效挂失的功能，持卡人一旦发现自己丢失了一卡通卡片后，便要及时按相应的程序完成挂失，防止发生恶性透支一卡通的恶劣行为。持卡人也可以与自身的需求相结合，对个人消费密码、消费额度进行设置和管理，从而让持卡人卡片的安全性得到保障。一卡通系统也要对黑名单中的用户进行实时更新，帮助持卡人及时完成卡片挂失工作，让持卡人的资金安全得到保障。

（2）管理一卡通设备

一般在校园中会使用多种类型的一卡通设备，比较常见的一卡通设备有读卡器、网络交换机、校园卡、数据库服务器、圈存机、校园卡和应用服务器等，有效管理这些一卡通设备有利于提高整个一卡通系统的稳定性。一卡通设备的联网兼容性是校园一卡通系统需要考虑的问题，只有将这个问题妥善处理好，才能让一卡通设备既可以实现脱网使用，也可以与一卡通专网进行联网应用。即使一卡通设备暂时与网络环境相脱离，终端设备也要具备一定的数据存储能力，脱网期间发生存储的数据信息，待终端设备的网络恢复正常之后，要向数据库自动上传存储的数据信息。此外，还要安全认证一卡通系统内部使用的所有设备，对这些设备的网络质量问题进行仔细和严密的检查，只有检查合格，才能向终端设备开放一卡通系统的部分权限。

总体来说，智慧校园一卡通技术在校园中的运用将大力推动我国高校教育事业的发展，还有利于我国高校服务水平、管理水平和教学质量的不断提升，促进我国高校教育事业发展质量的提高。不管是提高教学质量还是保障校园安全方面，智慧校园一卡通技术都发挥着重要的促进作用，我们要不断深入探索和研究这项技术，从而在提高高校教育水准和质量的过程中发挥保驾护航的作用。

（五）智慧校园一卡通系统的实践应用

下面以天津大学校园一卡通系统构建为例，对智慧校园一卡通系统的实践应用进行研究。天津大学校园一卡通系统是随着北洋园校区建设同步进行的。为满足一卡通系统在双校区的运行需求，在北洋园校区智慧校园建设的总体建设规划框架指引下，由新校区规划建设管理办公室智慧校园部统一领导和指挥，由财务处负责牵头实施建设校园一卡通系统。

根据新校区智慧校园总体规划，校园一卡通网络使用在校园承载网上划分虚拟专网的方式，不单独布设物理专网。一卡通系统以核心平台为依托，以大批量设备应用的食堂售饭系统、淋浴计费系统、自助洗衣系统为主要施工对象，以大范围布放的自助服务终端为主要服务手段，并通过对接有需求的第三方系统，为师生提供身份识别、消费结算、信息服务、校务管理等服务，实现校园内一卡通用。

校园一卡通系统建设在充分考虑安全性、稳定性的基础上，适当考虑建设的经济性，突出系统的开放性，以保证系统的扩展性与长久性。在开放性方面，要求系统承建商提供的产品在较大程度上能实现学校的自主权，包括系统承建商完全开放卡片，学校可自行管理卡片的结构和自主确定卡片的供应商；系统密钥完全由学校自主生成，系统承建商不可获知或掌控系统密钥的任何一部分，学校自主管理密钥体系结构中的各类密钥；学校对系统软件具有充分的使用权，系统承建商不得限制应用软件的使用规模，并提供完整的系统软件接口规范、读卡器及 POS 机等重要硬件的接入规范和接口文档，以供学校自主开发和利用。

1. 智慧校园一卡通的服务体系

智慧校园一卡通的服务体系包括自助服务和人工服务。由于面向用户的服务不可能全部由自助设备和网络服务完成，一些重要的服务仍然依靠人工手段完成，例如咨询、卡开户、卡销户、退费等。无须人工手段即可完成的服务，均采用自助办理为主、人工办理为辅的服务方式。

（1）自助服务终端

自助服务终端是校园一卡通最重要的服务设备，主要提供需要对卡进行读写操作的各种自助服务。自助服务终端运行于校园一卡通专网环境，由主要工控机、触摸屏与读卡器构成。系统采用 B/S 架构，保证系统的快速部署与易维护性。自助服务终端的主要功能包括五项：

①查询。用户可使用终端查询充值流水、交易流水等信息。

②自助卡务办理。用户可使用终端进行卡挂失、修改密码、修改消费限额、余额转移、水控钱包转账等卡务操作。

③自助充值。用户可进行银行圈存、银行绑定与解绑管理、支付宝充值领取、补助领取等相关操作。

④自助缴费。用户可使用终端进行接入系统的自助联机缴费，包括水电缴费、网费缴费等。

⑤信息发布。管理机构可利用终端发布重要通知、遗失与拾获卡信息等。

自助服务终端的配置以方便学生为宗旨，每栋宿舍楼均安装自助服务终端，通过自助服务实现足不出楼即可办理；其他区域考虑用户习惯、使用频率等因素，以食堂配置为主，兼顾其他重点区域。

（2）门户网站

门户网站主要提供不需要写卡的自助服务，使用网站域名进行访问。为方便用户使用，校园卡上均印刷域名地址。门户网站部署在 Web 服务器上，从系统运行安全方面考虑，仅限于校内 IP 访问。门户网站主要提供信息查询类服务，包括以下三项：

①运行信息查询。用户可通过网站获取系统使用指南、常见故障解答与排除、常用文档下载、卡中心办公时间地点等基本信息。

②个人卡务。用户通过网站可查询个人已入账的流水、办理卡挂失等业务。

③商户查询。商户可通过分配的用户名和密码查询营业情况的分类数据和汇总数据。

（3）卡中心

卡中心是提供人工服务的载体，所有面向用户的服务均可由卡中心完成。在北洋园校区和卫津路校区的一卡通管理办公室分别设立卡中心，负责处理与一卡通系统相关的全部业务，包括个人卡务处理、商户管理、商户结算、一卡通账务处理、系统接入、系统与终端设备故障处理等。

2. 智慧校园一卡通系统运行的核心平台

系统核心平台是智慧校园一卡通系统的运行核心，也是厂商的技术核心。在当前技术条件下，选用怎样的核心平台，直接决定着一卡通系统的硬件架构和硬件品牌类型。系统核心平台的主体构成是厂商的关键软件，虽然属于业务的核心部分，但是其只在服务器上部署，且物理位置集中，在具备机房的基础环境下，建设难度相对较小，从工程难度而言，不构成整个工程建设的核心。

系统核心平台主要包括数据库及一卡通的核心应用服务，主要功能包括系统的初始设置、区域部门及人员信息管理、日常卡务管理、账务与结算管理、运行监控管理、系统终端设备管理、系统密钥管理以及各类应用子系统的管理。系统建设时从经济性与运行安全稳定性考虑，核心平台统一部署在学校的核心机房。由于系统维护由财务处负责，综合考虑系统稳定性和维护难度，服务器以物理机为主，未进行虚拟化。其主要的软硬件配置如下：

（1）高速交互通道

高速交互通道用于服务器之间的数据交换，配置一台 HP 千兆光纤交换机，满足服务器组的数据交换要求。

（2）存储系统

存储系统用于存放整个系统的业务数据、运行数据、各种全局参数，为确保数据的安全性，采用较高的数据保存和备份策略，配置一台 HP 存储阵列，分两个区域分别存储一卡通系统数据和门禁平台数据，并可根据系统需求扩展增加阵列柜。

（3）数据库

数据库是整个系统最核心的资源之一，一卡通系统运行 Oracle 数据库，使用 Linux 操作系统，配置两台 HP 高性能服务器组成双机热备系统，保证系统运行的可靠性。

（4）应用服务系统

应用服务系统负责处理整个校园一卡通系统中的核心业务，是各类交易和服务的基本运行载体，必须保证不间断运行，配置两台 HP 中性能服务器，运行 Linux 操作系统，使用一卡通厂商系统自带的集群软件实现容错集群。

（5）Web 服务系统

Web 服务系统作为信息门户的服务平台，负责一卡通相关的自助多媒体服务、网上查询服务、一卡通系统对接服务等内容管理，配置一台 HP 中性能服务器，运行 Linux 操作系统。

（6）前置服务系统

前置服务系统按照应用分类部署，每类应用对应一个前置服务，配置若干台 HP 服务器，运行 Windows 系统，分别用于食堂、水控等应用的前置服务。

3.智慧校园一卡通系统中的子系统应用

（1）银行圈存系统。

第一，系统构成。银行圈存系统是利用计算机网络和终端设备实现持卡人银行账户资金向校园卡账户划转。系统使用银行专线与银行前置机通信，实现与银行系统联网。采用学号／工号与对应的银行卡号绑定的方式，用户自行在一卡通自助服务终端上操作，无须刷银行卡和输入银行卡密码，与银行系统进行实时验证，一卡通系统根据银行端验证结果和扣款数据进行记录并写卡，完成交易。

系统支持管理机构或个人进行银行卡管理。卡务人员可在一卡通前台进行银行卡批量绑定和批量解除绑定，为迎新和离校工作提供了极大的便利。个人用户可在自助服务终端上自行绑定、解绑或更换银行卡，为已被批准绑定但又不愿意使用银行卡充值的用户提供了选择的机会，同时也方便银行卡丢失补办的用户自助办理银行卡号变更手续。

系统具备完善的银行与学校（银校）对账机制，所有交易由学校方发起，并生成唯一的交易码作为对账识别特征，在 T+1 日凌晨系统进行自动对账，生成交易记录明细表和系统对账表，区分核对一致和对账不符的记录。对账不符的情况由卡务人员根据银行流水进行核实处理。

第二，运行情况。由于系统对现场施工环境的依赖较少，因此较早启动建设。系统使用过程中遇到的主要问题是银行卡已扣款但用户校园卡未加值，其原因一是写卡失败；二是通信故障。写卡失败是用户在银行圈存中遇到的最主要问题。而绝大部分的写卡失败是由于用户在使用过程中操作不当造成的。在银行返回数据给正在自助服务终端进行写卡的过程中，用户不恰当地点击按钮或者将卡片撤离读卡区域，导致写卡过程未能完成。写卡失败时其交易已被银校双方系统确认，用户需要持卡到卡中心进行写卡修正。

通信故障是由于网络原因造成交易超时或通信中断，银行扣款后返回的数据在约定时间内无法返回给一卡通系统，造成一卡通系统与银行系统对同一笔交易记录的结果不一致，银行已确认扣款但一卡通系统却作为一笔失败的交易进行记录。此类交易发生的频次不高，由卡务人员在交易发生的次日根据银行对账记录将扣款金额以补助形式发放到用户的账户，用户在自助服务终端写卡即可。

（2）消费管理系统

第一，系统构成。消费管理系统是一卡通的核心子系统，其产生的交易结算金额占一卡通系统交易结算金额的 90% 以上，包括集中应用的食堂和零星应用的超市等场所。它由 POS 机、通讯转换器、开关电源、网络设备、管理软件等部分组成。消费管理系统分为在线消费和脱机消费两种工作模式，以满足网络故障时为食堂等部门提供后勤服务的需求。在网络状况良好的情况下，系统产生的交易流水实时传输到数据库中，本地不留存交易数据；在网络故障的情况下，交易流水存储在 POS 机的内存芯片中，待联网时自动上传到数据库，POS 机流水存储数据可达 1 万条，可以满足长时间的脱机消费需求。

消费管理系统在设备需求集中的食堂采用 RS485 通信，以减少布线成本和线路维护成本。POS 机到通讯转换器采用总线型连接，通讯转换器到消费前置服务器通过一卡通专网进行通信。在零星消费场所以一卡通专网为依托，通过 TCP 进行通信，实现联网。一卡通专网为基于校园承载网划分的虚拟子网。

POS 机采用低压电源供电。在食堂一般采用集中供电电源，每个 POS 机的机位旁不预留强电插座，减少高温潮湿环境下可能带来的用电损害；零星消费场所使用低压电源适配器供电。

第二，施工建设。首先，前期沟通与施工界面划分。天津大学北洋园校区共有 8 个食堂，分布于校园的各个区域，在建设过程中分不同的标段由不同的设计单位设计、不同的建设总包施工。由于一卡通系统承建商由学校组织招标确定，不归属北洋园校区的建设总包商，因此需要合理划分施工界面，以保证工程的顺利进行。经过前期充分的沟通，北洋园校区办公室智慧校园部、财务处、施工总包商、一卡通系统承建商等相关方密切配合，合理划分了施工界面。由于 POS 机的布线安装是一卡通施工的主要工程，而 POS 机安装于食堂售饭窗口，因此与前期土建施工阶段的相关性较小，与后期食堂装修阶段密切相关。在施工界面上，由前期土建施工方从弱电间到售饭窗口的立柱对一卡通布线管道进行预埋；进入装修阶段后，由一卡通系统承建商参与到装修方案中，与装修施工方、食堂管理部门共同确定 POS 机的安装方式与线路走向；所有弱电间至 POS 机的布线及 POS 机的安装由一卡通系统承建商负责。使用以太网通信的零星应用场所由建设总包商按照设计预留网络墙座，通过专网划分可随时并入一卡通专网。

其次，施工安装。消费管理系统的施工主要集中在食堂。根据施工界面的划分，一卡通建设跟随土建施工进度，根据现场施工环境进行分步施工。前期主要是根据沟通确定的点位检查确认预埋情况。具备条件后，首先进行弱电间至售饭窗口的立柱之间的布线，预留弱电间、售饭台的接线。根据弱电间完工进度安装交换机、集中供电电源、通信转换器等设备，所有弱电间设备安装在一卡通专用机柜中，便于设备的维护和保管。

进入装修阶段后立即着手进行一卡通 POS 机的安装。由于食堂售饭窗口采用中空不锈钢管与玻璃相结合的材质，无法提前布线，也无法用螺丝固定机具。系统承建商根据现场情况事先配置好 POS 机，根据 POS 机的尺寸定制安装支架，并将配置完成的 POS 机固定到支架上。售饭窗口装修完工后，系统承建商在需要穿线的点位进行不锈钢管的开孔作业，POS 机线路均在窗框内布线，既保证了走线的美观，也保护了线路。在 POS 机的安装点位上通过焊接的方式将支架固定在窗口钢管上，从线孔引出线路进行接线，线孔至机具之间的线路使用套管保护。

（3）淋浴与洗衣计费系统

第一，系统构成。淋浴与洗衣计费系统是一卡通建设中施工中最大的子系统，是学校后勤管理中重要的计费系统，包括公共浴室及宿舍楼内淋浴间、洗衣间等场所。由于在系统构成、施工方法、安装地点等方面相同或相近，因此将淋浴计费系统与洗衣计费系统合并介绍。

淋浴计费系统采用淋浴计费器与电动（磁）阀相结合的控制模式，按使用时长计费；自助洗衣系统采用洗衣计费器对接洗衣机控制板的模式，按使用次数计费。系统终端均采用 RS485 总线进行通信，根据点位串联后的布线距离将一层楼或若干层楼的终端汇聚到通信转换器，转换成以太网通信，接入所在楼宇的交换机，再通过专网上行至中心机房。系统可根据网络情况采用在线、脱机自适应的工作模式，计费器流水存储数据可达 1 万条，可以满足长时间的脱机消费需求。

系统终端采用 12 V 低压供电，以保证在高温高湿环境下的用电安全。淋浴计费器和电动（磁）阀通过配备开关电源集中供电，洗衣计费器从洗衣机控制板接线取电。

第二，施工建设。淋浴与洗衣计费系统涉及全校的学生宿舍楼的每一层，点位数量多、地点分散，是一卡通建设中投资最大、施工量最多的子系统。在施工界面划分上，建设总包主要负责线路管道的预埋预留，其余布线、接线、设备安装均由一卡通承建商完成。

（4）第三方系统对接

在校园一卡通系统中，真正体现系统活力的不是系统自带的应用，而是与第三方系统对接的程度。校园一卡通系统与第三方系统结合得越广泛、结合程度越高，说明系统存在的价值越高，对校园信息化水平的贡献越大。在系统建设过程中，一卡通系统主要完成了以下三种类型的第三方系统对接：

第一，在线充值系统的对接。在线充值系统是银行圈存系统的重要补充，它弥补了指定银行卡充值单一性的不足，既扩展了自助充值服务的手段，又减轻了卡务人员现金充值工作的压力。目前已投入使用的在线充值系统为支付宝站内充值。

在线充值由客户通过手机客户端发起，通过互联网向一卡通平台发送学号、姓名等验证信息确认身份，通过校验后在手机客户端完成支付过程，并将支付信息反馈给一卡通系统，一卡通系统将接收到的支付信息记入过渡账户。在卡库平行记账的机制下，用户在手机端支付完成后，需要在自助服务终端进行写卡操作，写卡时系统将充值金额从过渡账户转入校园卡账户，同时完成卡内余额的更新。在 T+1 日凌晨，对接的在线充值系统将充值流水发送给系统进行对账，并以在线充值系统记录为准进行账务调整。

第二，缴费支付系统的对接。缴费支付是校园一卡通在消费结算方面的重要应用，通过对接有收费需求的第三方系统，为其提供自助缴费渠道，从而减轻了相关部门的收费压力，解决了传统收费方式在时间和空间上的限制，为用户提供了便捷的缴费服务。校园一卡通系统对接的缴费支付系统主要包括网络计费系统、电控系统、远传水表系统和自助文印系统。

缴费支付系统的对接采用 WebService 定制接口进行数据交换，并根据不同交易的特点使用不同的设备配置。网络计费、电费、水费为预付费缴费，用户在自助服务终端发起缴费请求，自主确定缴费金额，扣费成功后，一卡通系统将扣费金额、关键缴费信息同步给接入系统，完成缴费。接入系统根据接收到的交易数据信息完成本地数据处理。出现交易异常（一卡通已扣费而相应系统未处理）时，根据具体情况分别由一卡通系统冲正扣费或接入系统手工增加已缴费信息。自助文印系统为场景式缴费，缴费信息由文印系统生成，使用卡读写器与文印系统进行对接，实行联机扣费，并配置 PSAM 卡作为安全保护。

第三，身份认证系统的对接。身份认证是指通过读取校园卡，利用人员数据库的信息对持卡人的身份进行确认的过程。校园一卡通系统对接的认证系统主要包括图书管理系统、学生注册系统、多媒体讲台控制系统、会议签到系统和门禁通道系统。由于各系统对身份认证的要求不一样，对接方案也不尽相同。

图书管理系统对安全性的要求较高，要求能实时获取卡片状态的身份认证，防止无效卡借阅可能给合法持卡人带来的损失，因此采用联机认证的模式。根据图书管理系统的特点，采用联机模式下安装模拟键盘的方式，图书借阅终端通过 WebService 服务获取实时的卡片信息完成认证，这种模式下，图书管理系统可以通过一卡通系统反馈的卡状态防止挂失、冻结等无效卡的借阅，提高了借阅的安全性。同时，联机认证也对系统和网络提出了较高的要求，一旦系统或者网络出现故障，将导致读卡认证服务不可用，只能通过手工输入学号进行认证和图书借阅。

学生注册系统与图书管理系统的对接方式相同，用户使用一卡通自助服务终端完成认证，由于终端运行在一卡通专网内，所以只需在服务器端使用 WebService 接口进行对接，降低了运行网络的复杂性。

多媒体讲台控制系统通过读取校园卡的物理 ID 进行认证。认证系统首先需要完成认证数据的同步，即由系统提供基础信息 WebService 服务，认证系统经过授权后获取持卡人的基本信息和卡片信息并保存到本地系统中，数据同步的频率最短可设置为 5 分钟一次，较好地保障了数据的实时性。在读卡认证时，通过读取卡片的物理 ID 号调取持卡人的基本信息完成认证。这种认证方式无须对读卡设备进行改造，具有较好的兼容性。

会议签到系统通过在读卡器上直接读取卡信息的模式进行认证。签到使用的终端设备安装一卡通承建商开发的读卡程序，可通过脱机使用模拟键盘输入的方式认证，也可通过接口实时与系统连接，获取持卡人照片、姓名、工号、工龄等信息进行认证。系统对接完成后，使用一卡通签到进行考勤统计的方式被广泛地应用于教代会、全体中层干部会、新教师入职培训等重要的会议中。

4. 智慧校园一卡通系统的门禁管理平台

门禁系统是学校重要的安防系统，也是智慧校园建设的重要方面。目前，绝大多数的门禁系统使用芯片介质进行认证，人脸识别、指纹识别等生物识别技术尚未大规模普及。在此背景下，将门禁卡集成到校园卡上，既是节约建设资金、避免重复建设的举措，也是各高校建设智慧校园的共识。

北洋园校区门禁系统由不同的门禁厂商承建，而各厂商均使用自己的门禁系统对门禁设备进行授权管理。这些系统如何跟天津大学校园一卡通系统进行数据交互，门禁管理人员如何才能方便快捷地从不同的门禁系统中获取自己需要的信息，是与各门禁系统对接时要解决的主要问题。

在高校一卡通系统与门禁系统对接的实践中，基本做法是一卡通系统只负责将卡片信息同步给门禁系统，所有授权信息均由门禁系统完成。如果使用不同厂商的系统，需要在各个系统中分别授权。在天津大学智慧校园建设中，管理方希望设一个统一的门禁管理平台，管理人员可以在一个系统内对不同厂商的门禁设备进行操作，在一个平台下完成一卡通系统数据和各门禁数据的交互。

（1）系统建设

第一，建设目标。基于一个平台管理的思想，门禁管理平台的总体建设目标包括四个方面：

①集中管理。通过建设统一的门禁管理平台，集中管理门禁用户和各种数据。

②分级授权。通过对不同人员进行角色授权，使有权限的门禁管理人员只需在门禁管理平台上操作即可将授权名单发送到 M1 厂商的门禁设备中。

③数据同步。平台自动将一卡通系统产生的卡信息同步到各门禁系统，各门禁系统将收集到的刷卡流水推送给平台集中存储与展示。

④便于分析。平台可结合一卡通系统中已有的信息，对门禁刷卡数据进行统计分析。

第二，对接方式。实现统一门禁平台管理有两种对接方式可供选择。

①平台与门禁控制器直接对接，以平台代替门禁厂商的管理软件。这种方式省去了中间环节，简单明了，可以极大地提高数据的传输效率，但实施难度相对较高。由于各厂商的门禁控制器程序不是统一的，需要根据平台接口对门禁控制器进行程序改造。门禁控制器属于硬件产品，其程序在出厂时已经设定，对其改造不仅会增加厂商的成本，而且可能会带来运行稳定性问题，也不利于后期设备的维修更换。

②平台与各厂商的门禁系统对接，由各门禁系统完成对门禁硬件的数据传输，这种方式以厂商的门禁系统为中间环节，授权命令从下发到生效依赖于各门禁系统与其硬件的通信效率，由于是软件之间的对接，实施难度相对较小，能避免因硬件程序改造带来的成本增加和运行稳定性问题，易于被各建设方所接受。综合考虑对接方式的利弊后，经学校与一卡通承建商和门禁厂商充分沟通，决定采用软件对接的方式建设统一门禁管理平台。

第三，对接实施。门禁管理基本的平台数据业务流程涉及四个方面：

①各门禁系统调用平台接口把基本的门禁设备信息、时间段信息、节假

日信息推送给平台。

②平台根据一卡通系统产生的开户、挂失、冻结、补办、注销等数据，结合门禁设备信息、时间段信息自动生成门禁名单列表推送给各门禁系统，实现卡户变动信息自动同步。

③管理员在平台进行人员的权限授权管理，根据实际情况手动向指定的门禁设备下发人员名单；平台根据管理员的下发指令生成下发任务，推送给各门禁系统；厂商接收到平台发送的任务指令数据后，转换为自己的数据格式发送到相应的门禁设备中，至此完成了门禁授权。

④各门禁系统定期采集门禁设备产生的各种流水数据，并调用平台接口把数据传回平台。平台接收到流水数据后，结合系统中的人员信息，生成相应的表格供管理员查询分析。

数据业务流程以软件同步为责任界面，平台推送的数据以各门禁系统服务器的同步反馈情况为终点，已同步反馈的数据视为任务完成，数据下发至门禁设备，由门禁系统执行。出现数据不同步时由平台端先查找原因，若属于系统或门禁硬件的问题，通知门禁厂商进行处理。

（2）运行情况

系统采用B/S结构，校园网开放访问，实现系统的快速部署和便捷使用。图书馆、体育场馆等公共场所的通道闸机和门禁出入口使用自动授权的运行机制，根据设备使用管理部门提出的允许通行的人员类别和允许通行的具体点位，门禁管理平台将相应的门禁设备与人员类别绑定，在卡片发行时通过向一卡通系统获取人员信息与卡片数据，自动将授权指令推送给门禁厂商的管理软件，实现指定人员类别的自动授权。学院、学生宿舍的通道闸机和门禁的授权采用批量授权的运行机制，门禁管理员根据人员允许通行的情况，将人员名单批量导入门禁管理平台，由平台推送给门禁厂商的管理软件，实现对指定人员的授权。自动授权和批量授权的方式减少了人工授权的工作量，提高了门禁管理的效率。

已授权生效的人员遇到补卡、换卡、注销等信息变更时，平台系统自动检索相关信息，并推送给门禁厂商的管理软件，门禁厂商的管理软件在保持原有权限不变的情况下更新相应的卡片信息，或者将相应人员的门禁权限全部删除，实现了卡信息变更时门禁授权信息的自动更新。

5.智慧校园一卡通系统的施工与运行

（1）重视与基建相关的施工协调

作为与基建同步建设的校园一卡通系统，与基于建筑建设的系统存在明显不同，所有的施工现场不具有事先可见性，施工进度严重依赖基建施工，具有建设周期长、工期不可控性的特点。因此，与基建相关的施工协调配合显得尤其重要，在建设过程中，应特别注意以下方面：

第一，及早跟进基建施工。项目建设越早介入施工环节越好，特别是在施工初期，要积极参与到建筑设计中，及时跟进施工进度，保证相关点位的预留预埋设计符合一卡通系统的要求，否则一旦出现施工不符的情况，将增加施工改造的协调难度，影响整体的施工进度。

第二，合理划分与基建方的施工界面。当一卡通承建商作为独立施工方而非基建分包商的角色进场施工时，校方要协调处理好双方的关系，按照施工总成本最小的原则划分好施工界面，确定各方的施工责任；同时要充分关注各方利益关系，平衡好各方的利益冲突。

第三，后期系统施工应预留一定的工期弹性。由于一卡通系统的施工工期严重受制于基建施工进度，在基建交工较晚的情况下，一卡通系统要完成建设任务，必须缩短原定施工工期，如果没有工期弹性，工程将不能按期交付。

（2）考虑环境与用户习惯对运行的影响

系统建成投入使用只是完成了系统的建设阶段，进入系统运行阶段后，真正的运维问题才会显现。在使用过程中，设备的使用环境与用户的使用习惯会对系统运行维护产生负面影响，增加运行维护的工作量。在运行过程中遇到的典型例子包括：用户习惯了 M1 卡的速度，在系统使用前期，由于 CPU 卡刷卡结算速度稍慢于 M1 卡，会造成相当数量的刷卡失败流水，用户会对系统的先进性产生怀疑；一些食堂在设备使用过程中不关注设备的联网情况，出现长时间脱网的情况时不能及时反馈报修，导致大量流水积压；一些浴室由于水杂质含量过高导致淋浴喷头和电磁阀堵塞损坏。因此，要充分考虑这些因素对系统运行维护的影响，通过加强前期宣传与培训、有预见性地进行设备安装设计等方式减少不良因素出现的频率，降低运行维护难度。

（3）提升系统的自助服务程度

校园一卡通系统作为一个信息化系统，自助服务水平的高低是反映其信息化水平高低的关键。天津大学校园一卡通系统从规划到建设始终重视自助服务在系统中的应用，通过提供多渠道的服务体系和广泛布放自助服务终端来提高校园卡业务的自助服务水平，取得了较好的成效。但在系统运行的过程中发现，自助补卡、移动端服务等已成熟的自助服务技术未能在建设过程中一并采购建设，影响了系统的使用效果和运行管理效率。因此，在系统规划、建设、运行的过程中要始终关注新服务手段为系统运行管理带来的便利，积极拓展服务手段和引进新技术来提升服务水平。

（4）坚持适度有效的系统开放

建设一个开放的一卡通系统，提升学校对一卡通系统的自主把控程度是系统规划、选型的重要考虑因素。基于开放性原则，学校在系统建设过程中自主生成了系统密钥，获取了系统承建商提供卡片的结构定义规范和设备服务接口文档。按照卡片结构规范，学校实现了卡片的自主采购，降低了卡片的采购成本；根据软件接口规范，实现了多个第三方系统接入，系统开放性给学校带来的好处开始逐步显现。在建设与运行过程中，对于系统开放应注意以下要求：

第一，学校必须掌握系统的主动权，系统密钥只能由学校生成，厂商不得预设或输入密钥的任何一部分，这是系统开放的基础。

第二，开放必须是有效的，即按照承建商提供的开放文件，学校进行的相关操作是走得通、能够融入系统和行之有效的，并且在排除承建商及其利益相关方参与的情况下已经经过实践检验。

第三，要考虑行业整体现状对开放性的影响。有些接入规范看似重要，但是站在整个行业角度来看实际意义并不大，例如虽然承建商向学校提供了POS机的硬件终端协议文档，但是在一卡通厂商标准不统一的情况下，由于规模效应限制，学校很难寻找到比承建商采购成本更低的厂商。

第四，综合考虑开放性与系统采购成本、运维技术实力的关系。如果系统开放需要增加系统采购与建设成本，在缺乏技术实力的情况下取得系统开放缺乏意义，因为所有的技术支持都需要向承建商付费采购；如果系统开放是承建商的一贯理念，提供有效地开放性文档不会明显增加系统采购与建设成本，那么系统开放是有意义的，至少可以保证学校在极端情况下对系统的掌控；如果学校的技术实力足以抵消因系统开放增加的系统采购与建设成本，应从长远角度考虑坚持系统开放。

第五章　智慧校园的规划与建设实施

智慧校园是教育信息化的高级形态，建立智慧校园系统，能够切实解决目前学校在管理层面的诸多痛点，也能推动传统教学和学习模式的改革。但是在建设智慧校园的实践中，很多学校会遇到各种困难，有些受到自身教育资源限制，有些面临资金问题，但更多的学校是缺乏建设前的总体规划。本章将从智慧校园的规划与建设实施方面展开详细论述。

第一节　智慧校园的规划与设计

"在国家政策和科学技术双重推动下，智慧校园建设成为高校信息化发展的方向"[①]。目前，一些信息化基础较好的省市和学校，已经研究制定了智慧教育或智慧校园的发展规划。根据国家建设大数据中国的思想，一些城市将智慧校园融入战略规划中。不同类型的智慧校园规划与设计关注的重点内容不同。按照主导者不同，可有国家、省市、区县、学校的智慧校园规划与设计方案。国家、省市、区县主导的智慧校园规划与设计更宏观，学校主导的智慧校园规划与设计具有个性化特点，更具体、更有可操作性。

---

① 牛永亮.高校智慧校园建设实践与探索［J］.网络安全技术与应用，2022（5）：94.

　　智慧校园的规划与设计应对其中的服务需求、技术系统和组织体系进行统一规划以及顶层设计，确定智慧校园建设目标，选择和制定实现目标的策略和路径，提出服务模式、业务模式、组织体系的改进建议，制定技术系统的总体架构和建设内容。建设智慧校园并非全部推翻原有的数字校园，而是在数字校园的基础上提升智慧化水平，丰富智慧内涵。当前，数字校园建设已经有很多成功的案例，积累了很多值得借鉴的经验，但智慧校园建设尚处于研究和探索阶段。校园的发展经历了从传统校园到数字校园，再到智慧校园的过程，无论当前学校教育信息化处于怎样的水平，学校都可以充分发挥"自有优势"，高起点研究制定智慧校园战略规划，高标准定位智慧校园，高质量推进智慧校园。智慧校园规划与设计方案的主要因素应包括：学校发展战略理解、现状分析与诊断、建设目标的确立、业务流程重组和优化、智慧校园顶层设计、建设任务分解、实施策略和保障措施。

　　智慧校园建设内容与目标需要与学校的发展战略规划保持一致，所以学校在制定智慧校园规划与设计方案时需要对学校的发展战略充分理解，智慧校园规划与设计方案制定参与者需要对学校的现状进行分析与诊断，对学校教学、科研、管理、师生发展、社会服务、产教融合等需要以及当前信息化建设的难点、堵点、痛点问题进行诊断。根据学校的发展战略及现状，全面梳理各项事务的流程，明确业务目标和业务流程重组，依据智慧校园规划与设计目标对业务流程进行优化、再造，使技术系统和组织体系相互匹配。协同推进智慧校园不仅包括技术系统，而且也包括组织体系。技术系统涉及多部门、多系统，因此需要进行顶层设计，处理好各系统之间关系。

　　智慧校园良好机制的建立是复杂的系统工程，需通过一系列项目进行推进，不可能一蹴而就。学校对智慧校园建设应该统一规划、分步实施。学校需要对建设任务进行分解，可根据轻重缓急、经费投入、优先次序等一系列因素，确定分步实施策略和保障措施以确保智慧校园顺利实施、平稳运行以及持续发展，这部分内容主要考虑体制机制建设和实施规范建设这两个方面。

第二节　智慧校园的建设与部署

一、智慧校园建设与部署模式

根据智慧校园建设主体的不同，建设与部署模式一般包括自主开发模式、外包开发模式、合作开发模式和托管与租赁模式四种。

第一，自主开发模式。自主开发模式根据学校工作人员工作需求进行调查分析，得出结果并进行科学规划，进而形成建设方案。自主开发模式要求学校除了有充足的资金还需有技术娴熟的信息技术人员作为支持。自主开发模式的系统能够更容易地运用于学校日常的教学、管理、服务之中，充分利用学校原有的信息化基础设施和软件平台，并且对于部分特殊系统，自主开发模式的升级优化更为灵活。

第二，外包开发模式。外包开发模式是学校投入资金，选择服务提供商，由该服务提供商根据学校提出的建设需求及实施要求，进行深入的调查分析，负责智慧校园项目的建设。建设完成后由学校进行工程验收，服务提供商定期提供相应的技术支持，以及技术人员的培训与售后服务。外包开发模式在技术实现和开发经验方面都有保障，能够在短时间内建设好基础硬件及软件平台，为学校的进一步发展留出空间。

第三，合作开发模式。合作开发模式为大多数学校都会采用的模式。合作开发模式比较灵活，学校可以根据自身的能力与系统集成提供商展开不同范围的合作，还可参与到基础设施建设、系统开发和调试的具体工作中，有利于提高学校信息技术人员的水平，并且能够避免建设与应用脱节。由于在建设中有了学校技术人员的参与，此种模式能够根据学校教学、科研、管理、服务机构的管理模式进行全方位的开发，满足学校总体规划的相关要求。

第四，托管与租赁模式。托管与租赁模式是由服务提供商负责建立网络设施，提供软硬件的出租并负责软件的维护与升级，学校按照使用期限与内容支付一定的费用即可。若不需要该服务，终止续费即可。采用这种模式，学校可以不用过多地投入时间、精力及人员成本。

二、智慧校园技术系统的部署

一般来说，学校数据中心和公共服务平台的建设方式就是智慧校园技术系统的部署方式。它的综合运用体现了硬件设施和软件设施的融合，主要包括数据通信连接、监控设备、各种安全装置、计算机系统、环境控制设备和与计算机相连接的各种硬件设施。此外，许多业务软件系统在计算机系统中运行产生的数据也包含其中。部署智慧校园技术系统主要包括以下三个方面：

第一，部署以学校机房为基础的系统。学校要对计算机系统机房进行建设，并且要在院校机房中部署需要使用的服务器和应用服务。

第二，部署以校外公共机房为基础的系统。学校不需要对机房进行建设，但是要对服务器进行配备和购买，在校外的公共机房中托管需要使用的服务器和应用服务，并且委托外部专业机构做好维护和管理工作。

第三，部署以云计算数据中心为基础的系统。学校不需要对机房进行建设，也不需要对服务器进行购买和配置，而是将所需要的应用服务部署在为用户提供云计算服务的专业性数据中心。如果学校所在的省、市或县区对云计算数据中心进行了统一的建设，那么学校就不需要购买和配置公共应用服务。

第三节　智慧校园的管理与推广

一、智慧校园的管理与维护

校园内已经建设好的系统是智慧校园管理和维护的对象，主要利用一系列的管理办法和技术手段来维护和管理业务系统和运行环境，让智慧校园的运转更加稳定。管理和维护智慧校园是构建管理维护体系的主要目标，该体系主要包括组织机构、规范流程、方针政策、技术手段和规章制度等方面。具体来说，又包括以下内容：

第一，管理和维护体系的主要对象。智慧校园的管理和维护体系中包含了多方面的内容，如规章制度、管理与维护的对象、工具、组织结构和管理流程等。包括服务器管理、安防监控管理、数字电视台管理、链路管理、多功能会议室管理、网络管理、机房及配线间管理、多媒体或智慧教师管理、应用系统软件运行环境管理、数字广播管理等在内的基础设施和应用支撑环境，是智慧校园管理和服务的主要对象。

第二，管理与维护体系涉及的相关组织机构。智慧校园管理与维护体系中涉及的组织机构包括业务部门、第三方服务商和信息主管部门，具体如下：

①业务部门中主要包括应用系统管理员、专职或兼职的网络管理员；

②业务系统提供商、运维服务商和设备厂商共同构成第三方服务商；

③信息系统管理与维护人员、数据中心管理与维护人员、网络管理与维护人员是信息主管部门中必不可少的工作人员。

第三，建设管理与维护体系的目标。构建管理与维护的组织机构，在运行维护方面实施统一的规范，充分发挥管理和维护工具的作用，制定科学规范有序的管理流程和规章制度，让智慧校园运转的稳定性得到保障，这便是建设智慧校园管理和维护体系的目标。同时还要以 ITIL 和 ISO20000 标准作为重要依据推动管理和维护体系的构建。

第四，管理与维护体系的相关流程和制度。

①资产和资源管理流程、故障和事件处理流程、服务台流程、知识管理流程是管理与维护流程中必不可少的内容；

②网络管理制度、知识管理制度、IT 资产管理制度、应用软件管理制度、机房及配线间管理制度等共同构成管理维护的制度。

第五，管理与维护工具。为了实现管理与维护目标，规范化、程序化和有序化地开展管理维护工作，促进管理维护效率和质量的不断提高，人们在开展维护与管理工作的过程中所使用的支撑工具和软件系统工具包括：IT 运行管理、IT 系统优化和决策支持、服务台、IT 流程或调度管理、IT 资产管理、IT 项目管理等多种重要的管理与维护工具。

第六，开展维护与管理的具体举措。智慧校园的管理服务要对管理对象进行确定，要以管理对象的差异对不同的管理目标进行明确，对相应的组织机构和人员的规章制度进行制定。为了推动管理与维护体系中各项工作的有序开展，还要制定标准化和规范化的管理流程，并且熟练使用多种维护工具和管理工具，从而推动管理和维护平台的构建与完善。

二、智慧校园的应用与推广

（一）应用与推广的任务

校园内已经建设好的技术系统和数字化资源是应用和推广智慧校园的主

要工具，在此基础上，再对教育教学模式进行创新，推动师生职业技能和信息素养地不断提高，对学校的管理流程进行优化，让教育管理效果和服务质量得到显著提升，最终对信息化应用的范围和层次不断延伸和深化。

智慧校园的应用与推广包含了多项任务，具体内容有：建设教育技术服务体系、不断提高全校师生和管理人员在信息化方面的能力和意识、构建信息化政策和激励制度、构建人员培训制度和体系。当构建完成了智慧校园系统之后，学校要双管齐下，同时落实、推进应用与推广、维护与管理环节。

（二）应用与推广的策略

智慧校园的应用与推广需要学校内部的管理部门、职能部门的教职工相互协调与配合。在智慧校园的应用上要结合学校自身情况，根据机构设置、政策制度、应用层次、技术体系、使用人群等方面的情况制定对应的推广策略。智慧校园应用与推广的策略内容具体如下：

1. 建立并强化保障机制

智慧校园在推进过程中，面临最大的阻力通常不是技术，而是管理流程、政策、机制的束缚。因此，学校在保障和加快智慧校园应用与推广的过程中，一定要建立和强化各项保障机制，其中，建立强有力的组织领导体系在应用与推广初期尤为重要。由学校主要领导担任信息化建设领导小组组长，各部门负责人担任信息化推进工作子系统负责人，统一规划，明确职责，加强监督检查，确保智慧校园的正常运行和问题的及时反馈。

2. 健全信息化培训体系

智慧校园应用与推广运行期间，坚持对学校运维人员、系统与设备具体的管理与使用人员进行集体培训与单独辅导，以培训促应用，以培训促推广，以培训促创新。学校需要制定信息化建设的培训政策、培训评估体系、培训费用制度和培训绩效考核等一系列与信息化培训相关的制度，保证信息化培训的有序进行。

在培训内容上需建立包含信息化意识、信息化伦理、信息化知识、信息化技能在内的多方位的培训体系，切实提升教师与学生的信息素养和职业技能。

3. 营造良好信息化环境

学校可设立信息化建设业务支持小组，在智慧校园应用初期收集教职工及学生的意见，指导、协助系统对初始数据的分析与录入，针对教职工、学生在应用过程中所遇到的问题及时提供解决方案。

良好的信息化使用环境可以给教师与学生带来更好的教与学的氛围，在智慧校园应用与推广过程中，要激发学生及教师对信息化工具的使用兴趣，营造全员参与信息化教学、信息化学习、信息化管理的积极氛围，切实提升教师与学生的使用满意度。

4. 统一规划并分批试点

由于智慧校园涉及的人员、业务范围较大，且实施周期较长，学校在智慧校园的应用与推广上，可以统一规划，分批次试点，逐一推广。例如，可在教务管理、学生管理等系统中选定一个或多个功能模块优先推广应用，使教职工与学生逐渐熟悉了解系统的操作，切实体会到信息化系统带来的便利后，再逐渐推广系统其他模块，实现由点到线再到面的推进过程。其他覆盖面较小的系统可以直接投入使用。

第四节　智慧校园的评价与反馈

评价与反馈的任务包括确定评价目标、设计评价指标、建立评价组织，以实现评价程序的规范化和常态化。随着信息技术对教育影响的日益深入，以教育信息化全面推动教育现代化已成为我国教育事业改革发展的战略选择。因此，确定科学、合理、可测的学校智慧校园评价指标，对我国智慧校园的建设与发展意义重大。

一、智慧校园评价指标设计的认知

（一）智慧校园评价指标的参考特点

学校信息化发展的高级别形态是智慧校园，智慧校园主要对包括大数据、人工智能、虚拟现实和互联网等在内的新兴信息技术进行综合应用，为学生的学习打造全面感知的物理环境，从而对学习者的学习情景和个体特征进行有效识别，对科研、服务、教学和管理模式不断创新，将更加舒适、个性化的学习服务和学习体验给予学习者。智慧校园评价指标的参考特点主要有以下两点：

第一，协同和感知是智慧校园必须具备的技术特征。要想对智慧校园的本质进行准确把握，必须将该系统在不同时期、不同阶段的技术特征梳理清楚。智慧校园系统将大数据、虚拟现实、人工智能、互联网等智能技术的功能和作用充分发挥出来，获得了以图像识别、语音识别和传感器等智能技术为基础的自动感知功能，如数据采集分析、环境感知和生物特征识别等。而且还能够通过综合应用大数据、电子、控制和软件等技术，推动类脑智慧协同的高效实现。在感知协同这个技术特征的作用下，智慧校园不断升级和整合校园内传统的物理性教育设备，让这些设备拥有敏捷性、智能化和自动化的特征，使最后形成的教育环境在内容加工方面拥有数据挖掘与分析、信息集成、数据与信息可视化的能力，在多主体交互方面拥有信息交流、监控反馈和统筹管理的能力，在认知方面拥有自动感知、推理和记忆的能力。所以，建设和评价智慧校园的重点是要对学校使用新兴技术的情况，特别是对应用新兴技术的深度和广度、技术应用的具体范围、应用的模式等内容加强关注。

第二，融合和创新是应用智慧校园的显著特征。智慧校园发展的必然趋势是融合。具体来说，就是突破业务分割、资源松散、数据和信息孤岛等壁垒和界限，通过 PC 端、触屏终端和移动终端等多种终端及线上线下相结合的方式为用户提供一体化和一站式的服务，实现社会应用和校园应用的协同发展。随着技术的不断发展和进步，在校园管理、生态节能和课堂教学等各个领域都应用了越来越多的类脑智慧应用。需要注意的是，充分发挥前沿信息技术和信息化思维的作用引领教育教学领域的深入变革，才是智慧校园创新特征的深层次内涵，才能够对学校刻板和固化的教育治理模式进行创新和变革，推动教育教学和信息技术的有机融合，重新打造和融合智慧校园内部的业务流程、教育资源和应用系统，推动教育水平和质量的不断提升。

（二）智慧校园评价指标设计的作用

一般来说，教育主管部门负责制定和发布学校智慧教育的评价指标体系，并且以指标体系作为重要依据，来评价智慧校园的建设和应用情况。智慧校园评价指标体系的作用主要有以下两方面：

第一，坚决贯彻落实教育信息化的战略部署，将政策落实的守底作用充分发挥出来。国家教育信息化质和量的战略要求细化到校园中，则集中体现在智慧校园评价指标上，该指标的确定不能与上级教育主管部门发布的相关政策文件相对立或矛盾，而是要按照上位法原则严格落实。智慧校园评价指标的设计还要以教育部发布的《教育信息化十年发展规划（2011—2020 年）》《教育信息化 2.0 行动计划》等涉及教育教学的指导性文件作为依据和重要基础，也要符合地方出台的教育信息化规划文件的要求，使得编制出来的评价指标体系与各个区域的实际发展需求相符合，甚至在一些定量指标和定性指标的设定上比教育主管部门提出的要求还要高。

第二，在推动智慧校园实现高效、创新和有序发展方面，智慧校园评价指标应充分发挥引领作用，让教育主管部门和学校的教育教学投入、施策更加精准。学校在智慧校园建设的初级阶段，要将评价指标的积极导向作用充分发挥出来，以妥善解决建设智慧校园时产生的问题。总的来说，在设计和编制智慧校园评价指标时，不仅要把智慧校园建设的实用性充分彰显出来，还要对学校建设智慧校园的工作给予科学指导，从而为建设智慧校园的人员提供更准确的思路和方向。

（三）智慧校园评价指标设计的定位

第一，要从宏观设计层面出发，妥善处理数字校园和智慧校园之间存在的过渡和承接问题，并且利用创新应用、升级技术和融通业务等方式，把数字校园发展阶段中存在的被动服务、孤立系统数据、简单封闭业务等问题妥善解决好，将智慧校园所具备的感知协同的技术特征和融合创新的应用特征充分彰显出来。

第二，设计思路始终坚持系统推进、育人为本、引领发展和融合创新等原则。首先，智慧校园应用指标的设计要与师生的需求相结合，将各种准确、便捷、适合的教育服务提供给包括教师、社会公众、管理者、学生和家长等在内的用户群体，不断提高其"我要用"的主动意识，并且在建设应用系统的过程中，不断缩小社会应用和校园服务之间的差距。其次，学校建设智慧校园还可以将绩效考核的引领作用充分发挥出来，推动管理、服务和教学效益、质量的不断提升，从而减轻教师的教学压力和学生的学习压力。最后，为了综合改革学校的办学制度，必须要将办学中存在的难点和痛点问题挖掘出来并且妥善解决好，要始终坚持以学生为中心的原则和宗旨，打造新型的教育生态环境，从而不断提高学校的核心竞争力和教学质量。

第三，就具体执行来说，因为技术始终处于发展和进步的状态，而且应用创新具备太多的不确定性和未知性，所以要将更多的创新空间留给学校，可以考虑分离指标体系的评价细则和三级指标，以具体的工作进展作为重要依据，对考评细则进行定期修改和完善。

二、智慧校园评价反馈指标的框架

（一）治理体系维度

当下，我国许多学校对建设智慧校园逐渐重视并积极推进，但是建设工作还未形成统一、有效、科学的评价标准，不同学校拥有不同的建设水准。治理体系维度的明确也是为了对学校建设智慧校园的职能进行梳理，对不利于智慧校园建设和发展的三个重要问题进行妥善解决，如下：

①学校师生提高信息素养和能力的幅度和效果不够显著；

②在顶层设计、制度规范以及领导机构方面存在领导力不足的情况；

③由技术队伍、运维体系、专职部门和建设经费共同构成的治理体系在执行力方面存在不足。

校园制定指标和反馈评价的重点、难点在于治理体系的确定，其中最具有挑战的地方是很难利用量化的方式对包括规划设计、能力素养和组织机构等在内的定性指标产生的实际成效进行考核，在评价方面尚未形成系统和统一的机制，而且通过评价反馈的方式也很难解决备受学校信息化职能部门关注的经费投入、协同推进和人员配备等重要问题。

就以上的难点问题，可以按照自上而下的方式，采取三种措施对领导力指标的观测点进行明确：

①首席信息官由校领导担任，他们的职责是制定本学校智慧校园建设和发展的规章制度、战略规划，对全局资源进行统筹协调和优化分配，在建设智慧校园的过程中促进各个部门整体性和协同性的不断增强；

②具体建设工作的执行和落实应该由独立设置的技术部门负责，该技术部门还要对本学校建设智慧校园涉及的日常运维经费、专项经费进行统筹预算，推动分级和分层协同队伍的构建；

③充分发挥专家智库的作用，让他们为智慧校园的建设规划和重大工程提供相关的咨询服务。

除此之外，评价反馈指标还要对检查数据真实性的抽样机制进行构建和完善，并将其作为重要的规则内容发布出去，以部分量化数据分析（如适配度指数、置信区间、分项绩效和样本标准）作为重要的评价依据，量化处理和评价智慧校园的定性指标。同时，还要公开发布评价结果，并且把评价结果作为学校综合考核评价和评优评先的重要内容，从而规范化、有序化地开展智慧校园评价工作。

（二）智慧环境维度

以支撑应用作为基础建设的智能信息采集终端、基础设施和公共平台共同构成智慧环境维度。设计智慧环境维度的评价反馈指标时，要将智慧环境维度的投入导向作用真正发挥出来。例如，就基础硬件设施中的存储容量和生机比等内容来说，每个学校要与自身建设智慧校园的实际情况和进度相结合，合理配置硬件设施，让评价基础硬件设施的内容不断缩减。

为了将智慧校园中所包含的技术特征充分表现出来，建设智慧校园时要在教学环境、采集智能数据、公共设施建设和节能减排等环节充分应用包括人工智能、虚拟仿真和互联网等在内的新型技术；还要不断提高智慧校园系统中基础平台技术综合应用水准和效果，特别是数据中心、信息门户及身份认证等平台。信息门户平台要将二维码、用户名密码、人脸识别和手机短信验证等多样化的登录方式提供给用户，实现兼容包括 Windows、安卓、IOS 等在内的多平台和包括 PC 端、智能手机端等在内的多终端，并以此作为指标观测点。

（三）智慧应用维度

智慧校园科研、服务、教学和管理是智慧应用的主要维度，这些维度在涉及智慧校园评价指标反馈中占据了较大的比重，但在实施评价反馈方面具有较大的难度。具体来说，设计智慧应用的维度要从以下方面进行考虑：

第一，按照系统覆盖、信息数据融通到创新发展的递进关系对业务应用进行全面掌握。在设计观测点时，一方面要对学校业务系统的覆盖率进行评价和考察，对学校充分发挥跨部门应用整合、科学管理角色、大数据治理和组织流程再造等综合治理的作用以及服务提升和应用融合的关注与实施程度进行考察，如一站式自助服务和便捷的手机终端信息服务在校园内部的应用情况；另一方面，还要以智慧校园技术特征作为创新设计开展的基础进行考察，主要是考察校园安防、与人工智能技术相结合的生物特征身份识别、以互联网技术为基础的校园设备管理和应用、智能机器人等方面的创新设计。

第二，对教学的核心地位进行明确。一是对智慧校园的观测点进行设计时，要对实践教学、课堂教学、电子资源和网络教学等观测点进行明确，并加大这些要素的权重，以统一的标准、平台和规划作为基础，将及时评价、集约化建设、虚拟化实践和课堂交互等有效应用的评价导向功能充分发挥出来；二是有些学校在智慧教学指标中加入了教师信息化能力竞赛奖励、考评激励政策、学校获得的国家级课程资源项目等荣誉或奖励，其他学校可以对这种做法进行借鉴和学习，从而有序和深入地开展智慧教学活动。

第三，技术应用创新的权重设计。技术应用创新是智慧校园的重要发展方向，同时还作为重要的选项和标准对智慧校园进行评价和反馈，但是如果该项因素拥有过高的权重，则会为评价工作中基准的量化、设置观测点带来困难。所以，要从本地区智慧校园建设的实际情况出发，对应用创新的比重进行合理设置。

（四）网络安全维度

智慧校园健康可持续发展的重要保障是守住网络安全底线。近些年，学校在网络安全方面投入了大量的人力和物力，但由于网络安全的专业性要求很高，加上学校的投入存在一定的盲目性，故网络安全情况依然不容乐观。

所以，设计网络安全指标时，具体是要对数据保护、系统安全、制度规范、物理架构、安全定级、应急响应、舆情管控等内容进行精心设计，同时对观测点进行设置时还要注意其可参照性和较强的针对性等特征，将它的监督、引导作用充分发挥出来。除此之外，指标设计还要对一些扣分项进行设置，如发生了对社会或某个领域产生恶劣影响的网络安全事件、没有按要求及时处置安全隐患等问题都要扣分，从而将评价指标反馈的"守底"功能充分发挥出来。

（五）特色创新维度

当前，我国许多学校进行智慧校园评价时都在加分项中加入了特色创新的指标，但是尚未明确观测点。就学校发展教育信息化来说，之所以要设置特色创新维度，主要为了让学校在创新发展、可持续发展和特色发展等方面加强重视，加大推进力度。学校要从以下三方面明确特色创新维度的观测点：

①要通过引领创新智慧校园的技术特征和应用特征，充分彰显出学校的创新发展，还要让形成的应用解决方案具备一定的可推广性和可复制性；

②机制是实现可持续发展的重中之重，这方面的创新主要包括大力创新和实践集约化建设、网络安全管控、科学研究、考评激励、校企合作共建、信息化内部治理、经费绩效管理、队伍建设等；

③应用信息化思维和信息技术是特征发展的重点内容，基于此，才能对学校发展过程中存在的难点和痛点问题进行妥善解决，从而推动学校高质量发展。

总体来说，学校的教育信息化必然朝着智慧校园的方向发展，智慧校园的建设进度和质量会受到智慧校园评价指标反馈设计和构成框架的影响和约束。所以说，确定学校智慧校园的评价指标反馈是一项系统工程，具有一定的难度和挑战性，复杂程度较高，只有与当地教育和经济发展的实际状况、教育信息化的顶层设计结构和发展思路紧密结合，才能设计出科学合理的评价指标。而且，智慧校园评价指标和构成框架并不是一成不变的，还要通过无数次实际评估工作的检验，要与智慧校园建设的情况相结合，不断进行改良和完善。

第五节　全面智慧校园建设与后续建设

一、全面智慧校园建设的具体内容

在智慧校园的建设中，不同领域、不同部门都存在模块化建设。由于需求、思路、方案与应用技术都有所不同，因此各领域、各部门开发建设的快慢和内容也都不同。

（一）数据中心主机房的建设

智慧校园建设中的许多数据都是有交集的。例如，人事和科研、教务和财务、财务和人事都存在很多共有数据。《数据中心设计规范》对数据中心（包括主机房）的建设都提出了科学、明确的建设要求。其中，强制性条文是建设数据中心必须要遵守的规范，它比较全面且对数据中心的规划和设计都有很好的参考性。数据中心应划分为 A、B、C 三级。设计时应根据数据中心的使用性质、数据丢失或网络中断在经济或社会上造成的损失或影响程度来确定所属级别。

A 级数据中心的建设需要符合下列情况之一：

第一，电子信息系统运行中断将造成重大经济损失。

第二，电子信息系统运行中断将造成公共场所秩序严重混乱。

B 级数据中心的建设需要符合下列情况之一：

第一，电子信息系统运行中断将造成较大的经济损失。

第二，电子信息系统运行中断将造成公共场所秩序混乱。

不属于 A 级与 B 级的数据中心应为 C 级。

目前，针对此规范建设的数据中心规模都不是很大，达到 A 级数据中心标准的仅是少数大型企业和海关、电力、保险、银行、政府机关等国家重点部门的机房。智慧校园要建设的数据中心，至少应是 B 级数据中心。数据中心的建设是复杂的，建设项目难度大，但它是可行的，把握好前期的研究、定位、规划、设计，整体建设就会相对简单而快速。

1. 数据中心建立的重要意义

在先进的硬件基础上，在快速高效的网络环境下，建设安全、依托云管理的大存储、高运算的数据中心，为高校数据进行统一管理，解决数据孤岛问题，提供了安全有效的保障。

安全、高效的数据中心将是智慧校园的大脑。智慧校园的建设都将在数据中心的指导和数字资源的基础上推进和发展。集中建设与统一管理也将减少运行与维护的成本，优势明显。因此，要建设智慧校园，建设先进的数据中心是必要的。

2. 数据中心的规划建设内容

（1）全局规划

根据《数据中心设计规范》要求，进行选址、规划整体建筑大小、内部设计、安防策略等规范设计。其中，交换设备、出口路由设备、安全防护的防火墙设备和不间断电源（UPS）定额配备都要进行合理规划。在应用系统层面，由于应用规模大，因此需要建设多个云数据管理平台、云计算服务平台，配备的处理器和存储空间既要先进，又要合理。

第一，网络安全建设是学校信息化建设的重要组成部分。在网络基础设施升级建设的过程中，网络架构的设计就充分考虑了网络安全因素。在核心网络的关键节点、业务网络的边界都部署了相应的安全设备，并详细划分网络安全区域。网络安全设备主要包括防火墙IPS、VPN准入、运维审计、数据库审计等。

第二，无线校园网的建设后续将稳步推进，建成后将覆盖整个校园，为全校师生提供便捷的接入方式，为教学、科研、交流提供切实可用且稳定的环境。

（2）主机房规划拓扑

按照稳定、可靠、可管理、可维护的原则，将信息化（数字）校园网设计为大二层架构体系。

第一，核心层连接采用双链路冗余，整个网络采用大二层星型拓扑结构和连接方案，保障核心物理链路安全，即使单个核心出现故障，也不会使业务中断；汇聚层采用星型拓扑结构连接，若单个汇聚或接入设备出现故障，只影响其对应的区域。

第二，在与公网连接的网络边界部署了高性能的防火墙，用来确保校园网内部的网络安全。同时，校园网内部网络地址采用私有地址，通过网络地址转换（NAT）到公网地址，这样既可以节省校园网络地址空间，又可以对外网隐藏校园内网的地址信息。

（3）配备环评系统

作为一个单位最大的信息节点，数据中心机房承担着繁重的业务压力，如果其出现故障，轻则业务暂时中断，重则数据全部丢失。由此可见，保证数据中心机房安全、稳定地运行是至关重要的。目前，业界在提高机房管理与维护质量方面采取的是实时监测的方法，通过机房动力和环境监控系统对数据中心机房的 IT 基础设施运行情况进行实时监测，这样便可以在数据中心机房出现问题时对故障部位进行快速定位，将损失降到最低。

计算机网络、通信、传感器、数据库等技术是动力和环境监控系统的核心，实时监控的信息系统是借助于软件编程而实现的。数据中心机房包含的 IT 基础设施主要有 UPS、机房供配电、专用空调、电子门禁、视频监控等，它们是动力和环境监控系统的主要监控对象。除了对机房 IT 基础设施进行集中、实时的监控外，动力和环境监控系统还可记录与回显各种监控对象的状态数据，以在必要时方便机房管理人员查询。首先，系统会自动进行监测数据和预设标准值的比较，当两者的差值超过规定范围时，系统便会出现"非正常状态"的提示，并触发故障报警；其次，系统历史状态数据查询的功能不仅有利于机房管理人员进一步分析监控对象的运行情况，还可以对设备存在的潜在风险进行预测。

环评系统应建立一个技术完全开放的结构，操作简单、方便，人机交互界面友好，可远程监测该平台的声光报警器、烟感、漏水绳、门磁、红外、振动传感器、电表、UPS、配电柜、发电机、蓄电池、温湿度、气体探测器、空调、新风机、IT设备、视频监控、IE管理、故障报警电话/短信/邮件。整个监控系统均为模块化结构，组建灵活，扩展方便。该系统可实现机房设备运行管理的无人值守，提高资源利用率和设备运行管理水平。

（4）灾备中心

随着信息化上升成为一种国家战略，国家对信息安全防护也越来越重视，对信息系统的灾难恢复中心（以下简称"灾备中心"）建设也给予了高度重视。国家制定的关于灾备中心建设的国家标准规范包括：

①《信息安全技术 信息系统灾难恢复规范》（GB/T 20988—2007）；

②《信息安全技术 灾难恢复中心建设与管理与维护规范》（GB/T 30285—2013）。

灾备中心机房应该达到《电子信息系统机房设计规范》（GB 50174—2008）B级要求，保持7×24 h运行。机房建设包括装饰及装修工程、UPS及配电系统工程、UPS设备、空调及新风机、机房空调设备、消防排烟系统工程、综合布线系统、门禁系统、视频监控系统、动力环境监控系统、大屏系统、KVM系统、火灾自动报警系统、气体灭火系统工程、屏蔽机房工程、电力增容扩容、消防监控系统改造等工程。

（5）专网

财务系统、车辆门禁收费系统、一卡通等学校业务系统通常出于对安全性的考虑，需要进行专网连接，其实现的方式有建立物理线路组件专网和通过高度加密VPN方式组建专网。由于建立物理网络需要铺设新的线路，工程量大且资金要求高，因此一般可考虑范围不大的应用区域。

在远距离范围内，建立专网可以考虑 VPN 方式。VPN 可满足远程互联的大、中型业务专网对于"隔离"的需求，其特有的标签协议限制了其他非 VPN 用户的入侵。在校园网实际部署过程中可以根据业务网络的需求，建立不同的 VPN 实例，实现不同业务的隔离。同时，将隧道技术和 VPN 实例相结合，打造安全隔离的专网专用通道，保障校园内网与外网资源的安全访问。

（二）网络环境的建设

要对网络进行升级改造，先要掌握校园网的用户需求、业务需求、网络规模以及网络总体目标等。拥有一个好的校园网络平台是智慧化校园建设的基础。从保障角度来讲，校园网的高带宽、安全性、可靠性、稳定性、可扩展性及对移动终端入网的支持性等都是智慧校园基础建设中要实现的目标。

校园网络设计与实现首先是建设自身的校园有线网络，它会为智慧化校园建设发挥深层次的支撑作用。因此，建设一套安全、稳定、高效的网络平台是智慧校园建设初期基础建设的一项核心工作。

用户入网认证实名制是硬性要求，不仅是针对运营商网络，对校园网络也同样重要。在认证方面，建议使用方便、快捷、易操作的 web 认证方式，在未来有线、无线一体化的环境下，实现统一认证方式，更有效地服务于用户。

目前校园网络也存在着一些特殊设备，这些设备无须认证便可直接接入校园网络。它们凌乱地分布在各楼宇内，如校园监控使用的硬盘录像机设备、考勤机设备、电网监控设备、计算机实验室电脑终端等等。因此，需要考虑到这些特殊设备的入网需求，分配固定的网络地址，并进行 mac 地址绑定，同时要对这些接入的终端设备做相应的安全防护，在不影响用户正常使用的前提下确保这些设备的信息安全。

首先，对校园服务器来说，服务器中的数据，包括财务系统中的数据、一卡通系统中的数据及教务系统中所存储的数据是攻击者最为感兴趣的，如果这些数据被篡改或丢失，那么后果是相当严重的。因此，必须提高防范意识，对校园服务器，尤其是二级单位服务器部署高性能的防火墙，通过统一管理和规划以提高服务器区的安全防护；其次，对于网络设备来说，需要通过防火墙检测以防范局域网病毒、ARP 攻击等；最后，采用实名入网，通过建立日志系统和上网行为审计系统以对用户进行实名记录，并监控其入网行为。

为提高骨干网的整体性能，需要对陈旧的骨干网络设备进行更换。此外，为满足用户可靠、稳定的入网需求，还要对校园网络的出口带宽进行扩容。另外，为实现校园网络的全覆盖，保证所有用户的终端设备都可顺利接入校园网，就需要提高校园骨干网络的整体性能，最大限度地满足在校师生的入网需求。

此外，提高校园网的安全性能，有效地防范各类局域网被非法攻击也是高校校园网络建设的关键。因此，在建设校园网络环境的过程中，不仅要增强网络的健壮性和容灾能力，更重要的是要保证校园网的安全性。

总而言之，因校园网中接入的网络设备量极其庞大，包括各类交换机和路由器，那么为提高校园网的网络监管质量和效率，就需要基于《互联网安全保护技术措施规定》对其实施统一的图形化监管。通过建立完善的网络监管系统以实现网络设备管理的可视化。具体的改造方案包括以下方面：

1. 网络环境设计的原则

在网络设计中应遵循以下原则实现校园网络系统的建设目标。

（1）可靠性原则

网络的可靠性主要体现在两方面：一是网络设备的吞吐能力，只有具备高吞吐能力的网络才能保证各种信息的高质量传输；二是网络故障的自我修复能力，在设计上应考虑重要设备和关键链路的自动切换问题，以避免单点故障，减少网络的断网现象。

（2）先进性原则

在进行网络设计时，应选择较为先进的设备和技术，以延长使用寿命。一方面是满足未来 5 年甚至是更长时间的发展需求，另一方面是为了保护现有的投资，降低网络环境的建设成本。

（3）安全性原则

作为网络运行的基础，在进行网络设计时必须要考虑到网络安全体系的建构。网络安全体系包括网络层安全、主机层安全、数据层安全及应用层安全。通过加强安全措施建设，全方位地提高校园网络的安全性能。

（4）可扩展性原则

学校的发展需求和业务内容是不断变化的。因此，在进行网络设计时，应尽可能地提高网络的兼容性和可扩展性，在不调整网络架构和设备的基础上通过技术升级和平滑扩容来扩大网络的覆盖范围，以满足未来的发展需求。

（5）标准性原则

网络设计的标准性不仅体现在技术方案上，也体现在 VLAN 的划分及 IP 地址的规划等方面，为未来的发展奠定基础。在进行网络改造时，新增的设备应与原来的设备应采用相同的协议，进而保证网络之间良好的互联互通。

2. 网络环境的总体规划

根据业务规划和功能需求，宜采用模块化分区分层设计思路，这样做的好处是网络规模的大小可灵活调整，且便于故障定位、隔离和排除。最底层的是网络接入，包括有线网络接入和无线网络接入。在此基础之上是安全防护层，采用端到端的安全设计原则，有线与无线采用统一的安全策略；再往上则是网络管理层，实现对设备、用户、资源的统一管理和智能联动。

3. 网络环境的具体设计

（1）网络设备的选择

选择合适的设备需要结合多个因素综合考虑，如技术的成熟程度、产品的故障率、是否应用广泛等；具体而言，网络环境的具体设计应考虑的方面包括：

①技术成熟，应用广泛，设备的平均无故障时间较长；

②满足目前的性能和管理需求；

③方便今后的网络升级和变更，具有一定的可扩展性；

④设备厂商的服务水平好，技术能力强。

（2）核心层的设计

核心层设备连接着汇聚层、接入层、出口设备和数据中心交换机等，承担整个网络数据的高性能转发任务。当前网络中，视频、图像、语音、文字等多样的数据形式对设备的多业务承载能力和运行效能提出了更高的要求。因此，作为整个网络神经中枢的核心层设备应该具备高可靠性、可扩展性、多业务能力和高密度的万兆接入能力。

以往的网络通常设计为三层结构，即核心层、汇聚层和接入层，使用这种结构是由于网络中需要使用生成树协议（STP 协议）。为了缩小二层网络范围以缩短网络收敛时间，并降低核心设备的性能损耗，设计了新的网络模型。

（3）汇聚层 / 接入层的设计

汇聚层 / 接入层的设计把汇聚层和接入层合在一起，实现大二层设计，便于管理。但为了更好地节约成本，并且保证交换效率，设备连接上还采用接入小汇聚与大汇聚的方式。将 VLAN、IP 等配置通过路由器统一下发，实现大二层扁平化管理配置，同时为进一步的认证收费提供支持。

4. IP 地址及 VLAN 的规划

（1）IP 地址的规划

作为网络建设环节中的一个重要步骤，IP 地址的规划是至关重要的，其不仅是影响网络扩展性和管理效率的直接因素，更是影响网络性能和网络应用的核心要素。因此，必须要保证 IP 地址规划的合理性，在综合考虑网络的整体架构、路由协议及流量等因素的基础上，实行分级管理、统一规划，在保证与网络层次相对应的基础上提高网络资源的利用率。具体来说，IP 地址的规划应遵循以下原则：

一是唯一性，即每个主机所采用的 IP 地址都必须是唯一的，这不仅是网络设计的基本要求，也是实现网络互通的前提；

二是为了提高网络的使用效率，加快路由的收敛速度，需要对每个节点的 IP 地址进行连续分配；

三是 IP 地址的扩展空间必须预留充分，以保证地址的平滑过渡；

四是必须坚持规范化和标准化，以提高网络管理的效率。

（2）VLAN 规划

由于学校节点较多，为了避免广播报文做无意义的扩散，并且易于管理，需要对整个网络进行统一 VLAN 规划，VLAN 技术可以使广播只在子网中传播，减少广播报文数量，改善网络性能。VLAN 设计根据学校情况兼顾网络的可控性需求，可以划分为两类：

一是根据不同的交换机进行划分，每个 VLAN 使用一个 22 位掩码 IP 地址段，所属不同 VLAN 的用户，通过 ACL 设置必要的隔离策略，以防止针对端口的攻击病毒，同一交换机下的用户，通过交换机端口隔离，隔绝同一 VLAN 的病毒攻击；

二是避免使用 VLAN1，服务器区单独规划一个或多个 VLAN。管理

VLAN 作为特殊 VLAN 可覆盖网络的每一台交换机，与业务 VLAN 进行隔离，只有特定的主机可以访问管理 VLAN 的每一台设备，其他均用 ACL 过滤。

（3）IP 地址和 VLAN 的具体规划

IP 地址目前已发展到 IPv6 版本，它在安全性和性能等多个方面都有较大的优势。根据 IP 地址编码的规范性原则，可以采用给每栋建筑分配的 IP 地址和点分十进制下的第二位数字的十位数设为一样的方式。例如，信息楼 IP 地址为 10.8.0.0/16。这样通过地址标识可以清楚地区分出 IP 地址的来源、用途等，便于访问控制，也为将来的网络维护带来便利。

5. 路由协议的选择

路由协议的选择是至关重要的，其是影响整个网络性能的直接因素，在选择的过程中还应综合考虑网络结构、安全需求及管理需求等因素。静态路由协议和动态路由协议是两个不同类型的路由协议，其区别主要在于路由的表项是固定的还是动态变化的。静态路由协议的路由表项不会随着网络拓扑结构的变化而变化，即静态路由协议是固定的；而动态路由协议具有一定的灵活性和可扩展性。也就是说，动态路由协议会随着网络拓扑结构的变化而变化。RIP、OSPF 和 ISIS 协议等是几种常见的动态路由协议。

由于学校的拓扑结构相对简单，因此初期可以选静态路由方式，同时静态路由协议也更便于控制一些特殊设备的网络访问方式。而随着以后网络结构的扩展，以及出口的扩容等网络结构的进一步改造，有可能使用动态路由协议。

在动态路由协议中，开放式最短路径优先（OSPF）协议应为未来较好的选择。OSPF 路由协议采用层次化设计，将整个区域分成骨干区域（Area0）和非骨干区域（非 Area0），以减少处理开销和网络开销，分散路由处理，减少网络带宽占用，提高路由处理和数据处理效率。非骨干区域到骨干区域设置容灾链路，即使某条链路断掉之后，也不会与骨干区域断开，保障连通性；同时，防止边缘层设备的动荡导致整个网络路由的震荡。在配置 OSPF 时应注意：

①OSPF 支持多进程，配置时采用统一的进程号；

②设备的 routerID 手工指定，且 routerID 设置应与该设备的 loopback 地址相同；

③楼宇之间通过等价路由（ECMP）方式进行负载均衡转发，以保证后期增加新核心设备时，可以直接配置 ECMP 进行连接扩展；

④OSPF 进程内的所有设备都使用 network 方式发布业务网段，并且将业务网段接口配置成静默接口（silent-interface），不允许直接引入 direct 路由。

二、全面智慧校园的后续建设

互联网技术和云计算技术的广泛应用，有力促进了高等院校智慧校园的迅速发展。在构建智能化教学环境的过程中，智慧教室是重点建设部分，通过运用互联网技术和虚拟云桌面技术将智慧教室构建成一个具有智能感知与识别、实时监控、智能考勤、课堂教学监督、教学资源存储与共享等诸多功能的智能教学环境，为学校师生构建了一个综合全面的感知及智能管理一体化的教学云平台，实现了智慧教学与智慧管理相结合的新型教育模式，对提升学校的教育信息化水平具有十分重要的意义。

（一）设计智慧教室

智慧教室的设计内容如下：

第一，教学辅助子系统。该系统主要包括云课堂、云桌面、身份管理及考勤管理等多个子系统。其主要用于辅助教学及记录各种数据，如教师备课、学生预习和复习、课堂考勤及课堂测试等。

第二，室内微环境控制子系统。该系统的功能在于通过控制室内的物理环境，包括采光照明、通风换气及温度和湿度等，以提高智慧教室环境的舒适度。通常情况下，室内的光照强度保持在 150～200 lx 最为适宜，而温度控制在 18℃左右，保持 50%～60% 的相对湿度是最有利于学生学习的。

第三，智慧中控总控子系统。该系统有利于实现设备的集中管理和控制。在设计时，为减少工作人员的工作量，体现人性化的设计理念，应将智慧中控总控子系统的控制管理界面以图形化的形式呈现，在方便教室管理人员工作的基础上提升工作效率。

第四，数据查询分析子系统。基于大数据技术的数据查询分析子系统不仅具有较高的数据分析能力，同时还能记录教师在授课过程中所产生的所有数据，这在一定程度上降低了因不全面统计所造成的结果误差。数据查询分析子系统的应用一方面可提高管理人员的管理能力，另一方面还能为教师开展教学活动、改进教学方式提供精确的数据支持。

（二）建设智慧公寓

新科技革命的到来，推动着互联网技术不断向前发展，并逐渐渗透到教育领域。教育的互联网化建设已成为教育事业发展的必然趋势。而教育互联网化就是利用互联网的智能感应特征来打造智慧校园，进而在提升高校教育质量的同时保障校园学生的安全。互联网技术以互联网为基础，以人工智能、大数据及虚拟现实技术为核心，其在教学和管理中的应用可极大地推动智慧课堂、智慧校园及智慧实验室的建设，一方面为学生的自主学习、自主管理和自主服务提供了条件，另一方面还为学生创建了和谐、智能、便捷的学习环境，有利于激发学生学习的主动性和积极性，提高课堂教学质量。互联网技术与教育领域的结合，不仅促使其形成了一种"互联网＋高等教育"的新形态，还为教育的数字化、网络化及智能化探索奠定了基础。

作为一种新型的信息产业，互联网技术通过先进的软硬件载体和网络通道影响着人们生活的方方面面。互联网技术与教育的结合更是为其他商业模式的发展提供了丰富的想象空间。在校园环境建设中，寝室作为校园内最基本的居住单元，互联网技术的助力不仅改变了学生群体对住宿环境舒适性、安全性及便捷性的需求，更是为基数最大的学生群体提供了生活上的便利。

基于互联网、云计算、移动互联网及大数据技术，可打造学校智慧公寓，以为学生创建更加健康、安全、舒适的个性化生活环境。学校智慧公寓结合了自动控制技术，不仅实现了学生公寓设备的智能控制、寝室环境的智能感知，还提供了健康感知、安全感知、信息交流及消费等多方面的智能服务。

（三）应用智能家居

随着信息技术的不断发展和应用，智能家居逐渐成为一种受欢迎的新家居形式。安全、健康、舒适、便捷是未来智能家居发展的核心主题，其具体的功能主要体现在以下方面：

第一，智能家居可以根据人们个性化发展的需要，制定相关的服务功能，进而为用户提供更高层次的精神享受；

第二，智能家居可在结合人工智能和量子计算技术的基础上实现自我学习与控制，在增强智能交互的同时为人们的生活带来更多的便利；

第三，智能家居的设计注重安全的控制和管理，提高智能产品的安全性是智能家居可持续发展的保障。

学校智慧公寓与寝室的建设效仿智慧家庭，从安全（防盗、防火、安全监控、突发事件响应)、智能能源管理(水、电、气、网络等)、智能环境管理(光照、温度、湿度)、智能家居等方面进行建设,构建舒适、安全、功能全面的学校公寓和学生寝室。云计算、互联网等信息技术出现在现代家居中,符合科技发展的趋势,其组成与功能适应了现代人们对个性化生活的追求,并且在智能家居的体验中取得了良好的效果。信息技术在智能家居中的应用主要体现在:状态感知、分析决策、精准执行。学校智慧公寓与寝室系统包括以下内容:

第一,智能感知系统。包含众多的传感器和智能硬件,如 RFID、探测头、摄像头等,发挥着"状态感知"作用。有状态感知,就有信息的输入/输出,从而有了分析、决策的依据,就打通了通往智能系统的道路。

第二,智能控制系统。利用先进的计算机技术、网络通信技术、综合布线技术、互联网技术等将与家居生活有关的各种子系统有机地结合在一起,采用集中或者分布式控制,通过云平台,利用大数据技术进行分析和决策,并可网络远程控制或自动控制家居内部设备。

第三,智能应用系统。包括智能照明、智能家电、智能安保、智能门禁、智能道闸、智能建材、智能影音、环境质量监测、智能睡眠监测等系统,给大家带来舒适、安全、节能、便捷的智能家居生活。

(四)后续安防建设

不论是新型城镇化建设,还是智慧社区、智慧校园及智慧园区的建设,都需要考虑安防因素。同时,在城市化进程的不断推进中,人们的安防意识也在逐步增强,这就为安防行业的发展创造了巨大的市场拓展空间。作为信息采集的主要手段,视频监控广泛应用于信息采集点建设中。随着智能化设备的普及,公安信息网、交通网及社会单位自建监控网等对信息的采集和感知要求也越来越高，安防产业的发展逐渐表现出网络化和智能化的趋势。

近年来，随着科学技术的不断发展，校园安防不论是在建设范围还是在系统性能等方面都取得了极大的进展。但就实际情况而言，现阶段的校园安防仍存在诸多问题，如智能化应用较少，仍以事后调阅为主、在事前及事中的处理能力普遍偏弱等。而且随着大数据时代的到来，监控信息采集数据量越来越大，这就为安防产业带来了极大的挑战，如何有效地完成海量信息的筛选、查询和分析成为安防产业亟待解决的问题。对于高校而言，受多种不利因素的影响，如智能安防涉及技术复杂、产业链条长及标准不统一等，极大地阻碍了校园可视化智能安防服务系统的建设，进而影响了高校安防系统在保障人身安全及预防财产损失等方面的性能。在智慧校园的建设中，可视化智能安防集成系统的应用主要体现在以下方面：

第一，建设目标。完整化、体系化是高可视化智能安防集成系统的主要开发目标，其在智慧校园中的应用中可有效地提升智慧校园安防体系的整体水平。通过采用特定的安防设备和软件构建一套完整的高可视化智能安防系统，进而实现智慧校园安防体系的信息化、网络化和智能化。

第二，建设内容。基础系统、基于射频识别技术的校园安全平台及应急指挥系统是高可视化智能安防集成系统的三大建设内容。

首先，大屏幕拼接屏系统、智能视频监控系统及三维可视化安防系统构成了高可视化安防基础系统的主要组成部分。其中，作为安防监控和应急指挥的基础设施之一，大屏幕拼接屏系统凭借其超高分辨率的显示功能，不仅可以清晰地显示传统视频监控画面、安防设备运行状态及紧急报警信息，同时对于安防人员的值班信息、安防统计分析图表及 GIS 地理信息等都可以超高清摄像的形式显示出来。

智能视频监控系统是由各种高清或超高清智能摄像头组成，一方面可实现重要监视防区的实时监控与录像，另一方面还具备行为检测功能。例如，当有人穿越围栏、快速移动时，智能视频监控系统便可检测到这一行为。三维可视化安防系统可轻易地了解某个区域的安防态势，并且可对巡更过程和突发事件的应急处置过程进行实时跟踪和监控。三维可视化安防系统的功能主要是依赖于室外三维 GIS 地图和室内三维建筑模型而实现的，通过调整遮挡物（如建筑楼板及墙体）的透明度，可将某些图层信息进行隐藏或显示，进而通过传感器接收各种反馈信息，以了解特定区域的状态，为校方做出正确的判断和决策提供有效的依据。

其次，超高频 RFID 技术与校内安防系统的结合，不仅可提高校园安防的效率，同时还可实现在无外部供电、非接触的情况下进行远距离群读。作为一种无线射频识别通信技术，超高频 RFID 技术的作用主要是识别特定的目标和读写相关数据，其与安防系统结合而构建的基于 RFID 技术的校园安全平台主要是由智能巡更系统和物业资产管理系统两个子系统构成。

智能巡更系统的功能主要是识别巡检对象的内容，借助超高频 RFID 手持读写器，巡更人员可以读取到指定巡检点标签里的内容，并将其填报到巡检记录表中，通过上传将巡检记录传送至后台数据中心。通过该系统，学校管理人员不仅可了解巡更人员的任务完成情况，同时还可根据巡更人员的行动轨迹进行排班和绩效评估。物业资产管理系统的应用为学校管理人员进行应急资源的规划、管理和调度提供了便利。基于超高频 RFID 技术，物业资产管理系统可对学校的各种应急资源进行标识并传送至后台数据管理中心，进而实现应急资源的合理调度。

最后，应急指挥中心系统。应急指挥中心系统是一个综合性的管理和数据分析平台，集成了高可视化智能安防基础系统和基于 RFID 技术的校园安全平台，由学校管理人员及安保人员使用，是学校进行日常安防监管工作的窗口，还可以提供模拟演练、指挥调度、预测预警和应急评估等功能。其中，模拟演练功能是指根据应急预案中设定的经验数据参数，采用三维可视化模型进行推演模拟，以直观的方式来验证应急预案中存在的问题和缺陷；指挥调度功能为应急指挥提供应急处理流程指导，可以通过大屏幕拼接屏系统监控各种安防信息，从而辅助指挥调度；预测预警功能是指根据应急管理需要对相关区域、系统、设备、安防逻辑规则等进行监测，对达到预警设定阈值的监测项进行报警提示，以防止应急事件的发生；应急评估功能是指对应急事件处置的事后总结与评估内容进行维护与查看，为应急管理人员提供具有参考价值的实际案例。

第三，安防综合管理系统的结构及功能。首先，安防综合管理系统是在融合了备用电源系统、巡更系统、视频监控系统及停车场管理系统等多个专业性安防系统的基础上而构建的一个综合性的安全防范系统，其不仅可整合与校园治安有关的所有资源信息，实现全部资源的统一管理，同时还可实现安防系统的事前联动。安防综合管理系统的设计是以软件中间件的概念为基本依据，主要提供综合管理应用及专业安防系统等通用服务。其次，校园安防综合管理系统在结构上主要是由控制层、表现层、存储层及采集层组成，且每个部分都有其特定的功能。

安防综合管理系统中的控制层是该系统的中枢或核心，其主要是通过响应表现层、存储层的指令和数据以实现智能化的系统联动；表现层的主要作用是进行用户和系统之间的信息交互，其核心在于安防综合管理系统的界面展示。通常情况下，为满足用户获取信息和展示信息的需求，主要采用的是报警喇叭、矩阵电视墙及电脑终端等方式；存储层作为系统记忆的核心，其基本功能是存储采集层的数据，包括系统配置与规则信息、用户信息等；采集层主要是指所有的专业安防子系统，如消防系统、视频监控系统等，这是安防综合管理系统采集层与普通安防系统采集层的主要区别。安防子系统数据的收集主要由采集层完成，其是决定该系统是否能正常运行的直接因素。

智能化综合安防信息管理平台的构建一方面可全面整合校园安防资源，另一方面可进一步强化安防体系，提高校园安防系统的服务效率。安防综合管理系统主要具备以下特征：

①可实现高度的智能化。这一系统不仅包括应急响应模块和智能化联动功能，还可以借助专业安防系统智能分析等模块添加特定的功能，进而在减少安防监管员工作量的基础上提升系统的智能化和自动化程度；

②高速网络化。在该系统中连接所有设备和系统的网络是高速的校园专用网，这不仅可以提高校园网络的处理能力，还可以满足校园安防业务所需的网络吞吐量；

③全数字化。无论是对该系统而言，还是对专业安防子系统来说，其都是一种全数字化系统，都是通过数字化策略来实现信息的存储和处理。

第四，智能安防技术在智慧校园中的发展方向。校园安防正在从传统的被动防御向智能化、融合化的主动判断和预警方向发展。随着科学技术的不断成熟和行业化应用的深入发展，各种自学习和自适应算法的应用得到发展，智能安防产品将带有强大的自学习和自适应功能。校园安防涉及众多系统，多系统的融合与协同将越来越重要，而且与公安、消防等部门的联动功能将有望成为标配。综上所述，未来智慧校园的安防系统将会越来越完善。

总而言之，以实时监控、事后调阅等应用为主的传统校园安防系统已经不能满足校园的管理要求。因此，需要采用先进的技术手段，完善校园安防管理体系，采用可视化智能安防集成系统，将提升校园的智能化水平以及事前和事中的处理能力、应急指挥能力，提高校园安防水平，从而为学生创造一个安全的学习环境。

第六章　智慧校园生活与网络学习新思路

从数字化到信息化再到智慧校园建设，网络信息技术的发展不仅改变了教学的格局，也给网络学习带来了新思路。经过多年的发展与实践，网络教学与网络学习的环境与体系日渐成熟，但也有诸多可改进之处。本章将从智慧校园生活与网络学习方面展开论述，探究网络学习的新思路。

第一节　开放性智慧校园生活服务平台分析

随着智慧校园产品的不断推广和应用，建立以教学和管理为中心的智慧校园平台已成为各高校发展的必然趋势。而开放性校园生活服务平台作为智慧校园建设的一个重要分支，逐渐成为各学校创建智慧校园的主要任务。

数字化校园、"互联网＋"校园和智慧校园是学校信息化建设的三个不同阶段。这三个阶段的侧重点是不同的。数字化校园关注的是资源和业务系统的数字化建设；"互联网＋"校园所要构建的是一个业务互联和流程再造的信息化校园；智慧校园则是基于大数据、云计算、互联网等多种先进的信息技术打造一个能提供学习、工作、管理及生活等全方位服务的智能化校园，其在前期信息化建设的基础上追求个性服务，注重用户的感知。

总而言之，智慧校园的建设涉及学校、师生及产品公司等多方面的利益，需要通过共同努力来推动智慧校园的建设进程。而基于智慧校园大数据中心所搭建的校园生活服务平台不仅满足了学生的需求，更体现出了以学生为主体的服务理念。

一、开放性智慧校园生活服务平台的设计框架

"在高校智慧校园建设的过程中，发展开放性的校园生活服务平台是对传统智慧校园的有力补充和扩展"[①]。开放性智慧校园生活服务平台提供标准的认证接口和数据接口，可以通过简单的配置实现与第三方应用的无缝对接。平台主要包括身份认证平台、服务总线平台、消息发布平台和综合信息展示平台等四大子平台。

（一）身份认证平台

作为单点登录平台，身份认证平台满足了用户的角色和个性化需求。通过统一的信息资源认证访问入口，用户只需登录一次便可访问在授权内的所有应用系统。身份认证平台不仅实现了角色的访问控制，还为用户提供了多样的身份认证机制，它支持包括对称性算法和非对称性算法在内的各种加密算法。除此之外，身份认证平台还具有日志记录、信息统计等多个集群功能，保证了单点登录服务的可靠性和高效性。

（二）服务总线平台

校园服务总线平台基于分布式的运行管理机制，通过提供的一系列标准接口，在整合不同服务的同时实现了不同应用服务器之间的协调运作。独有

---

① 王翀，滕腾.开放性智慧校园生活服务平台的设计与实现［J］.软件，2020，41（9）：43.

的事件驱动和文档导向模式提高了系统对复杂数据的传输能力。

校园服务总线平台的功能主要体现在以下方面：

第一，可针对接口的发布及调用提供标准的规范；

第二，可通过接口调用统计分析为管理者了解服务运行状况提供条件；

第三，可通过接口数据流转来实现消息服务中心数据的实时同步；

第四，可整合已有的应用系统接口，实现统一化管理；

第五，可提供基于数据库的增删接口及创建基于第三方的代理接口。

（三）消息发布平台

作为一种统一的消息信息服务系统，消息发布平台不仅可聚合各类消息，包括流程代办提醒及日程提醒等，同时还可整合多种通信通道，如钉钉、微信、邮件及短信等，为用户提供多渠道的消息提醒服务。标准的应用程序接口可同时满足平台自身及各子系统的调用需求，不仅统一了调用接口，提升了管理效率，还有效地降低了通信成本，进一步优化了沟通方式。

（四）信息展示平台

信息展示平台会以微服务的方式将产品按需求进行分类，并以功能点的形式呈现出来。信息展示平台主要用于展示自身开发的产品及第三方数据，借助移动端或 PC 端实现与学生的交互。

二、开放性智慧校园生活服务平台的特色应用

校园生活服务平台所开发的产品涉及学习、生活及活动交流等各个方面，其具体内容包括以下四点：

第一，课程日历。课程日历主要是为了便于学生查看每天的上课时间和

课程内容。独特的三点设计分别代表了每一天的三个时刻，即上午、下午、晚上。此外，学生通过课程日历还可查看详细的上课信息，并在此基础上设置日程闹钟，这样学生便会在上课前收到提醒。同时信息发布平台还会通过多种渠道，如微信、短信及钉钉向学生推送上课信息。

第二，教室查询。对于高校来说，由于教室排课相对松散且没有指定的自习室，这就为学生寻找空闲教室带来了困扰，而校园生活服务平台的教室查询功能可有效地解决这一问题。此外，学生还可利用这一功能查找自己感兴趣的课程，满足学生个性化学习的需要。

第三，AI 寻主。传统的失物招领主要依赖于平台信息的发布，是一种被动的方式，但是通常会因为很多学生没有及时关注平台所发布的失物招领信息，而导致失物招领处的物品越积越多。而校园生活服务平台所开发的 AI 寻主是一种主动的失物招领方式，其借助智慧校园中信息发布平台，在对遗失的物品或证件进行身份确认后直接给失主发送消息，告知其丢失的物品及领取的地点。

第四，校园美食。作为传统智慧校园的有力补充和扩展，校园生活服务平台所开发的校园美食功能不仅可完成餐厅窗口的历史数据统计，同时还可在此基础上对其进行排名，从而起到一定的推荐作用。此外，校园生活服务平台还可高度整合校园内的生活类服务信息，通过标准的接口和强大的公共支撑平台，实现智能感知，有效地满足学生的实际需求。当然，在生活服务平台的不断发展中，应充分考虑系统安全因素，并在此基础上实现校外资源的统一管理和高度集成。

第二节　智慧校园网络学习平台建设的新思路

智慧校园是在数字校园的基础上进化而来的，与数字校园相比，它具有更加开放、宽松、高效的学习氛围，与多媒体和互联网技术紧密结合，利用更丰富的资源来充实教育内容，提高了整体教育水平。如今数字化的教学环境使校园内具有更鲜明的现代化特征，网络资源的开放性为学生提供了更多的学习机会，也为教师提供了更多可借鉴的教育方式，提高了教学水平，推着校园教育向数字化不断发展，这种智能化转变也使智慧校园得以落地。

学生在智能网络的帮助下提高了学习效率，打破了传统学习模式在时间和空间上的限制，可以随时随地进行自主学习。教师可以在网络上上传教学课件和学习资料，供学生随时随地学习，以帮助他们提高学习效率和强化学习能力。通过互联网技术，教师能更快捷地对学生进行监督和辅导，为后续开展针对性教导提供了有力的帮助，由此可见，智慧校园网络学习平台对教育有着重大的影响。

一、智慧校园网络学习平台的功能

第一，扩充课程资源库，加强展示力度。首先，建设精品课程资源共享平台，并在此基础上，对网络课程进行更新和扩充，授予学生和教师在线编辑的权利；其次，挑选不同类别的精品课程进行分类，供学生更加细致地开展学习；最后，建设仿真实验室供学生进行自主实验，教师要上传微课录像和名师讲解难点视频等资料。

第二，充分利用平台的网络教学功能。首先，学生利用智慧校园网络学习平台查询自己所需的学习资料，拥有个人学习空间的同时还能充分享受共享资源所带来的便利，无论课上还是课下都可以重复观看教育资料，打破了时间和空间的束缚。同时，还可建立个人测试培训区域，通过收集错题来查漏补缺。其次，该平台为教师准备教案提供帮助，通过观看其他教师的授课视频来提升自身水平。除此以外，还可以参加线上研讨会及专家讲座，共同讨论更高效的学习方案及授课模式。智慧校园网络学习平台提供了丰富的学科工具、学科软件和仿真实验室，教师和学生可以自主下载使用。最后，该平台还可以进行小组、课程、学生的管理及教学设置等，通过这些智能化的功能将学习、交流、考试和评价等环节紧密联系在一起，节省大量的资源和成本。

第三，发挥平台的教学管理功能。除了学生和教师以外，学校领导及管理人员可在平台上进行教务管理和指导，通过平台的多媒体功能进行信息传递、信息监测、信息汇总和信息分析等，并根据得出的结果做出预警和决策。

二、智慧校园网络学习平台的设计

利用云计算技术、互联网技术、信息化技术，以丰富教学资源为关键点，设计出更智能化的教学模式，并利用数据汇总功能将所有教学资源整合在一起进行集中管理和展示。学生可以在平台上进行自主学习，教师可以在平台上开展网络授课，管理人员可以在平台上统筹校园工作，该平台将这三大功能集于一体，既能提升管理水平又便于开展指导工作。由此可见，该平台的建设目的是整合、共建和共享资源，而该平台的运行基础则是将各类精品教学课程、通识教育课程、视频公开课、微课程、仿真实验室等共同组建起支撑该平台正常运转的庞大系统，在促进图书馆资源数字化转型的同时也丰富了师生的教育资源。

该平台的设计理念结合了业务和资源两大方面，其中，资源主要包括资源库和资源单位，资源库是指各种资源的庞大体系，比如课件库、题库、电子图书库等。资源单位则是指各种各样资源的最小单位。业务是指借助网上教学功能，教师可以在平台上进行授课、辅导、备课等环节，利用资源的共享提升教学水准，同时教师所上传的教学资料也会展示出来，供同行或学生进行参考和学习。

三、智慧校园网络学习平台的界面使用效果

第一，学生平台界面。学生使用学号和密码进行自主登录，之后会显示该学期所要学习的课程，单击进入课程详情后，可完成教师所布置的学习任务并获得相应的学分。

第二，教师平台界面。教师平台界面的功能和模块较为详细，教师在登录后可以进行业务处理和教学辅导，其中教师可以在线上进行教案编写、课件制作、评价管理等环节，丰富了教学方式也提高了工作效率。除此以外，还可以通过线上方式向学生发布学习任务、布置家庭作业并进行批改，对学生所提出的疑问进行解答，学生需要进入哪一个环节就可以点击相应的模块，为其节省了大量的时间。

网络学习平台能有效地解决资源问题和空间问题，相比传统的教学模式而言，在教学效果、学生参与性、教育成本上都有很大优势。通过网络学习平台，学生获得了更丰富的课程资源，能根据个人需求和学习情况进行自主学习。而且教师可以在平台上与同行进行交流，积累先进的教学经验，开阔教学视野，从而参与到与其他教师和专家学者的讨论中，进一步促进了课程资源的建设和升级，为后续开展教学实训和研究活动打下了坚实的基础。网络教学平台将学生和教师从传统课堂模式中解放出来，用更加自由和开放的方式，进一步提高了教学水平。

第三节　智慧校园建设中校园百事通的设计与实现

随着大数据、智能化、移动互联网和云计算产业的迅速崛起，不仅改变着人们的生活，也有望掀起新一轮产业变革，也使得在校学生的生活环境持续发生变化。"为了推动智慧校园的建设，设计了一款针对大学生的校园信息交互系统"①。

一、校园百事通系统的设计内容

智慧校园的便利之处主要体现在智慧管理、智慧教学、智慧学习、智慧环境、智慧科研和智慧生活等方面，其中，智慧生活主要体现在设计旅游路线上，包括智能推荐就餐地点和购物场所；根据个性化需求和兴趣爱好，推荐网络好友。推送近期所举行的各种活动等。校园百事通就在此基础上应运而生，这款软件的主要功能实现包括聚点集结、图书天地、校园周边、生活点滴和用户中心，而且还具有自主发言和交友聊天的功能，具体内容有以下五点：

第一，聚点集结。这一功能主要体现在推送学校周边、旅游市场、新闻资讯和购物市场等最新消息。通过平台展示可以使学生了解到社团纳新和校园活动等信息，并通过该功能选择自己所喜欢的社团。学校新闻可以使学生浏览最新的校园资讯。而旅游功能可以使学生根据自身喜好选择相关的资讯，制定旅行计划，查看当地消费价格和住宿酒店等，从而制定个性化旅游方案。购物市场可以使学生在买卖平台上出售自己不用的二手物品，节省了时间和成本。

---

① 张春娥，张云峰，李瑛.智慧校园建设中校园百事通的设计与实现［J］.北华航天工业学院学报，2019，29（2）：5.

第二，图书天地。图书天地主要为学生提供各种各样的电子教材和电子图书，学生根据自身需求，在图书天地这一功能中寻找所需要的资源，丰富了学生的课余生活，也打破了传统的空间限制，使学生的跨专业学习变得更轻松。

第三，校园周边。校园周边这一功能主要包括展示学校周围的美食、娱乐、超市等场所，以学校为中心，向四周扩散，为学生推送相关购物和优惠信息，从而丰富学生的课余生活。

第四，生活点滴。生活点滴是信息的汇总模块。根据用户所关注的商家和其他好友进行信息推送，以使学生了解彼此的最新动态，还可以查看网络好友所发来的私信或交友信息。

第五，用户中心。不同的用户拥有不同的使用权限，如社团、商家、院系负责人、学校领导可以编辑自己的基本信息和发表信息，查看自己好友或已关注的用户，通过聊天功能和评论功能，加强彼此之间的联系。

二、校园百事通系统实现的技术

由于校园百事通将所采集到的数据都储存在云平台上，这就导致数据的安全性存在隐患，为了保护用户的基本信息和隐私，后台将所有信息和数据进行加密后再存入云端，而储存在云平台上的数据也仅以密码锁定的形式存在。除此以外，后台会定期对云平台上的大量数据进行备份，以免发生丢失的情况。校园百事通系统的技术十分复杂，其应用的技术主要有以下两种：

第一，云平台存储数据技术。校园百事通所汇总的信息技术都储存在第三方平台上，并通过第三方后台对数据进行密码管理，每一个数据的分类都会用特定的模块进行管理，从而形成安全灵活的后台服务器管理系统，既解决了突如其来的故障问题，也不用考虑由于储存空间不足导致的设备损坏问题。

第二，云平台数据挖掘算法。校园百事通系统通过收集学生日常行为数据来建立关联规则，从而进行数据挖掘，通过信息之间的对比，进行信息推送。比如，某些社团经常组织类似的活动，学生在报名时可以选择其中一个就可以；多数喜欢竞技类活动的成员会接收到与竞技有关的社团活动信息。

学校的学习氛围在校园百事通的帮助下更加活跃和轻松，进一步丰富了学生的校园生活，其所具备的信息储存功能也为学生的日常出行带来了极大的便利，为学校后续开展教育和管理工作提供了有力保障。

第四节　智慧校园建设应用研究与学习场景的构建思路

在智慧校园建设中，利用现有的信息技术将校园的各种资源有效整合，充分利用"互联网+"、云计算、大数据、智能感知和虚拟现实技术，对现有的硬件资源进行适当改进和优化，使得在线学习、互动交流、资源共享、一体化服务的效果提升，为师生提供方便快捷的信息服务和教学环境。

一、智慧校园应用的服务内容

实现"教与学"的深度融合，保证学校和家长之间顺畅的沟通，提供个性化的教学和便捷的校园生活，提高校园综合治理能力是智慧校园建设的最终目标。根据不同的服务角色，智慧校园可以提供以下四种不同的服务：

第一，校园管理者可享受的服务主要有：

①可实现对校园的整体管理，提高管理的协调性；

②可一体化闭环管理校园，使教学与管理实现进一步的融合；

③为教学教务提供更科学的决策，可进行成绩分析、学业诊断和教室设

备使用分析。

第二，教师可享受的服务主要有：

①日常事宜可快速解决，节省更多的时间；

②提供海量的教学资源，减轻备课的压力；

③为家校沟通提供更便捷的渠道。

第三，学生可享受的服务主要有：

①无论是学习、选课还是选餐，都可以自主完成，不仅提高了学生的责任意识，还提高了学生的独立性；

②消费、考勤、学习、门禁的一体化智能互动；

③全方位的综合素质评价和学习情况分析，形成完整的成长档案。

第四，家长可享受的服务主要有：

①完整的学生档案记录、全方位的学生成绩分析、便捷的家校沟通。

②提供学生在学校的所有行动轨迹和活动记录，及时发现学生的异常情况。

二、智慧校园的学习场景构建

智慧校园建设要积极通过信息化手段为教学解决相关难题，有针对性地为学生提供学习建议，找到最适合学生的教学方式和方法，为教学改进提供可靠的数据支持，从而全方位地服务于教育教学。智慧校园的学习场景需要构建以下内容：

第一，智慧化班班通教室①。智慧化的班班通教室除了要实现资源整合，还要有良好的教学应用功能，应配备交互式一体机、投影电子白板等硬件教

---

① 班班通教室，也可直接简称"班班通"，"绿色班班通"，它是指学校每个班级里具备与外界进行不同层次的信息沟通、信息化资源获取与利用、终端信息显示的软硬件环境，一般泛指简易多媒体教室，包括黑板＋投影仪／触摸一体机等设备。

学设备，让教师可以通过网络开展教学，同时在教学中使用各种各样的教学应用来提高学生学习的积极性。

第二，电子书包智慧课堂。云平台为智慧课堂提供了技术支持，课前、课中和课后可以通过智慧课堂实现无缝衔接，保证了学生学习的连贯性。课堂始终是智慧课堂的核心所在，教师在课堂上通过内容与学生产生连接，将知识通过电子书包的形式传递给学生。

第三，智慧化的学科教室。"数字化"能够为各学科营造高效、便捷的教学环境，可以使教师实现探究式、启发式、参与式和讨论式的教学。此外，它不仅可以为学生提供丰富的学习资料，还可以为学生参与实践活动提供便利。

第四，创客空间。创客空间可以通过互联网技术、3D 打印、虚拟现实呈现等技术为不同学龄的学习者设计出不同的创客课程，为学校营造一个丰富的创客空间。

第五，校本资源平台。校本资源平台除了可以管理各种校本资源，还能够最大程度地共享各种教学资源，让教师之间实现进一步的交流与学习，从而不断提高他们的教学水平。

第六，加强校园文化建设。校园文化关系到学生的生活环境，学校应该塑造积极向上的校园文化环境，例如，校园开展网络成瘾的主题辩论赛，加强对在校生夜间是否归宿情况的监督，防止学生外出通宵玩游戏，以及管理宿舍的网络、用电情况，及时断网断电等。另外，学校文化宣传栏上可以张贴这些方面的漫画、报告等。

总而言之，智慧校园的建设与应用，是全面提升教育信息化水平，促进教育公平、实现教育均衡、提高教育质量的重要手段，学校在实施和制定自己的智慧校园建设方案时，也应该注重自身的发展特点，不可能各方面都面面俱到，且随着技术不断发展，智慧校园的建设应用仍是一个不断探索和进步的过程，需要在实践过程中有针对性地及时修正和补充，让智慧校园更好地助力学校教育教学水平的提升。

第七章　多元化技术助力智慧校园发展的新思路

21 世纪以来，虽然只经过了短短的二十几年，但各种新技术却如井喷般出现和发展，有些新技术改变了世界，而有些技术却没能经受住考验，被时代所淘汰。如今，越来越多的新技术被应用到智慧校园的建设中，利用多元技术助力智慧校园发展，已经成为智慧校园建设发展的新思路。

第一节　桌面云技术在智慧校园建设中的应用探究

一、桌面云技术在智慧校园应用的可行性

数字化校园在近些年已经完成了基础设施建设，正在逐步升级为智慧校园。智慧校园可以重塑校园生态，它以互联网为基础，在"大数据 + 云服务"的帮助下通过对网络化操作、轻载化终端和虚拟化资源的应用，将校园教学、生活和管理等不同的平台集中起来，最终实现一体化、智能化的管理。

用户终端始终是智慧校园应用的最终落脚点。智能平板、普通 PC 和智能手机是当下智慧校园常见的三种应用形态。其中，普通 PC 是日常办公、教学和学习最常使用的终端设备，智慧校园建设进程的加快会增加大量的普通 PC

用户，但由此也会带来诸多新问题。

很多教师只会用电脑处理与教学相关的业务，他们通常不了解计算机维护的专业知识，或是只掌握一点皮毛。因此，当计算机发生故障时就会给运维人员带来很大的工作压力。可以说，信息化部门当下最主要的工作就是计算机维护。学校越来越重视数据的安全性，并且已经出台了相关的管理措施为数据的安全保驾护航。

桌面云是一种虚拟桌面应用技术，它依托于云数据中心，有着高效、安全的优势。普通 PC 可以通过桌面云将所有的数据和应用上传到数据中心进行统一的储存和管理，只需将设备与网络相连接就可以在桌面云中找到想要的数据或应用。

桌面云的价值主要有以下三点：

①云资源平台是以虚拟桌面云技术为基础构建的，桌面云可以保证该平台实现统一的管理，并提高其可靠性和安全性。桌面云可以将所有数据上传到服务器中，还可以设置打印机、U 盘、网络等的访问权限，在防止数据丢失的同时让信息更加安全。

②模板克隆技术能够帮助桌面云快速生成多个新桌面，不仅如此，管理员可以批量升级软件或处理软硬件故障，大大提高了维护效率。

③用户能够在不同的设备上访问自己设置的桌面，这不仅为用户提供了便利，还提高了他们的工作效率。

传输协议、终端、虚拟化软件、网络、服务器、存储等都是桌面云使用的组件，而且这些组件之间有着很强的关联性，这就意味着只要其中一个组件出现问题或优化不到位（如软硬件之间无法兼容），就会给用户带来不好的使用体验。好的用户体验应该做到：无论开展哪项业务或工作，桌面云都要和 PC 有相同的流畅度，同时兼容各种应用和设备，提供更安全的数据保护和更高效的管理，这样才能使用户顺利开展各项工作和业务，其设计思路应从以下方面展开。

第一，让桌面云能够有与 PC 类似的体验。首先，将重点放在软件及外设的兼容性上。办公需要使用不同种类的软件和外设，如 Office、邮件和一些自主开发的软件等，还有扫描仪、打印机、高拍仪等各种各样的设备。从以下两点入手可以做到广泛的兼容性：

①为了提高兼容性，桌面云设备对接和软件 API 调用要优化不同的方面，如虚拟化层、硬件层、终端接口和传输协议等方面；

②由于软件和外设无法实现一次性兼容，所以要持续投入各种资源进行不断地完善和改进。从终端的角度看，终端的硬件芯片应支持多种功能，如视频解码、图像渲染等。除了要让桌面显示更流畅，还要提高其显示质量。从传输的角度看，其重点在于优化协议，可以利用流缓存的方式加快响应速度，减少宽带的占用率；从后端的角度看，除了要优化 CPU 和内存，还可以使用虚拟存储方案，即在服务器本地硬盘设置存储资源池，这样才能使用具备 IO[①] 性能的高端存储。

第二，让桌面云长时间稳定使用。可使用以下解决方法：

①数据存储要设计热备和冷备两种方案；

②为服务器安排集群方案；

③设计网络多端口聚合方案，以减小服务器和网络故障带来的影响。

第三，让桌面云能安全使用。可采取以下技术措施：

①在数据传输过程中使用数据加密和防攻击技术，以此来提高传输的安全性；

②在服务端实现对用户数据的加密存储，保证个人隐私不受侵犯；

---

① IO 指输入 / 输出（Input/Output），分为 IO 设备和 IO 接口两个部分。

③利用多因子认证和准入控制技术，防止桌面云被非法用户和非法设备入侵。

第四，让桌面云高效运维。桌面云以软硬件的深度融合为基础集成不同的组件，从而打造一个标准化的平台，提高使用和部署的效率。Web 控制台的优势在于简单、便捷，不仅能够完成自动化的排障，还可以进行一键式的设置，大大减少了排障的工作量，同时让日常管理变得简单、高效。

二、桌面云技术在智慧校园应用的具体实践

"超融合技术的发展与应用让桌面云技术得以诞生"[①]。以当下非常流行的深信服桌面云为例，该桌面云系统的构成包括两个要素，即数据中心端和用户端。其中，云桌面控制平台软件（VDC）服务器虚拟化软件、桌面云超融合服务器和存储虚拟化软件属于数据中心端；用户端指的是云终端，它分为 ARM 架构和 X86 架构两种。

第一，应用与桌面部署。系统管理员要在桌面云中创建属于各部门的模版，同时安装各部门所需的业务软件。然后利用模板派生出所需的桌面数量。当教学或办公 PC 因过于老旧面临淘汰时，管理员就可以利用虚拟机资源池将桌面发送给新的 PC。管理员可从实际需求出发设置个性化的系统或软件，然后利用交付平台发送到各个客户端。桌面云可以反复授权使用商业软件，为学生学习带来了极大的便利。

第二，远程桌面接入。教师在结束工作离开学校之后，可以利用平板、电脑或手机进行远程办公，如参与教学研讨或线上会议等。教师在设备上登录个人专属桌面，连接校园网，就可以在数据中心中找到各种材料、信息和数据，在节省时间的同时提高了办公效率。

---

① 李永明 . 桌面云技术在智慧校园建设中的应用研究 ［J］. 电脑知识与技术，2022，18（18）：95.

第三，管理和运维。在桌面云的使用过程中，系统管理员可以利用图形化管理界面管理各个虚拟机和云桌面平台，远程处理各种故障。图形化的管理界面还可以帮助管理员处理桌面性能不足的问题，即远程提升内存大小、CPU 核数和磁盘空间。此外，管理员只需通过模板就可以更新和升级业务软件、打印机和系统，无需到现场进行逐台更新和升级，这大大提高了 IT 运维人员的工作效率。

第四，网络安全保障。教职工和学生的所有信息和数据（如科研数据、学籍信息、课程资源等）都可以通过桌面云系统上传到云服务器，教职工可以看到的只有操作系统的图像界面，因为终端并不会存储实际的业务数据，所以即使终端出现故障无法使用，也可以保证数据的安全。教职工无法随意取走数据，他们的权限只限于读取和编辑数据。通过对实际需求的分析，还可以使用细颗粒度的管理策略细分各种资源。此外，还可以设置分布式存储和集中存储两套备份及恢复机制，利用统一存储和管理数据的方式，采取快照、多副本、CDP 等不同的策略对数据进行保护。而且还可以使用分布式防火墙保护桌面云不被勒索病毒攻击，进而避免发生数据泄露事件。

第五，节能与扩容。硬件集成化的云终端只需大约 20W 的功耗，其使用寿命长达 5 ~ 8 年，大大降低了对电力能源的消耗，不仅减少了硬件维修和更换的费用，还节约了电力能源。由于其硬件资源可重复使用，所以只需加入新的云终端与服务器就可以扩容桌面，以满足业务扩张的需求。

三、桌面云技术在智慧校园应用的实际效果

在建设桌面云的过程中，可以将应用软件、操作系统和用户数据都上传到数据中心，并依靠桌面交付统一管理系统。无论是教室、实训室，还是办公室，教师都可以在桌面云的帮助下随时登录个人桌面云，以找到自己所需

的各种资源和信息，从而为教学和办公提供极大的便利。桌面云提供的服务能够让教师开展连续性的教学业务，并且能够最大程度地保证数据与信息的安全。数据中心核心交换机在现阶段所用的接口可达万兆以上，接入层交换机可达千兆，能够让日常办公需求得到全面的满足，而其相比于普通 PC 的应用，桌面云有更好的使用效果。

第二节　区块链技术助力智慧校园创新的建设思路

一、区块链技术助力智慧校园创新的现状

中华人民共和国教育部印发的《教育信息化十年发展规划（2011—2020年）》明确提出要运用云计算、顶层设计等先进技术和理念进行智慧校园的建设。国家标准化管理委员会发布的国家标准文件《智慧校园总体框架（GB/T 36342—2018）》，对智慧校园的总体架构部署、智慧教学环境、智慧教学资源、智慧校园管理系统、智慧校园服务等的建设作出明确的规范。在智慧校园整体建设方案当中，智慧校园包括：

①数据中心；

②智慧校园基础设施；

③智慧校园应用系统；

④智慧性资源。

自 2016 年开始，"WE+ 智慧互联校园新生态峰会"每年都会举办，为智慧校园的建设模式创新、学校信息化服务及效率的提升、学校教学培养等各方面的发展指明了道路和方向。校园的信息化建设从数字校园到智慧校园，从增量改革到存量改革，形成了开放共荣的智慧生态。

二、区块链技术助力智慧校园的应用体系

"区块链具有的去中心化、去信任、不可篡改、可溯源的特点贴合智慧教育开放、交互、跨平台的特性，在助力智慧教育、有效构建教育主体之间的信任体系方面有着无与伦比的优势，有助于打造更加开放和更具公信力的教育生态新环境"[①]。智慧校园的建设离不开互联网、大数据、云计算、人工智能、区块链技术等的同步发展。区块链作为一种"去中心化"的新技术，在不需要各节点互信的情况之下，构建点对点的价值转移体系，能够创造新价值，达到价值最大化。区块链的技术优势如下：

①大数据环境下，上链数据要足够多；

②去中心化，任意节点间实现点对点价值转移；

③加密算法、智能合约，每次交易时间不可篡改；

④更改成本高，需经 51% 以上用户同意，节点数据难以篡改；

⑤因价值转移而产生价值增值。

区块链技术和智慧校园建设融合，能更好地提高教学、科研、管理等的安全性和透明性。区块链技术凭借"去中心化、去信任、不可篡改、可溯源"等特征，在智慧校园建设过程中有充足的应用场景。在"区块链＋教育生态建设"的基础上，其教育应用的价值与思路主要体现在建立个体学信网大数据、打造智能化教育淘宝平台、开发学位证书系统、构建开放教育资源新生态、实现网络学习社区的"自组织"运行以及开发去中心化的教育系统六个方面。

探究区块链技术构建智慧校园应用体系的主要内容包括：

①建立去中心化教育教学体系，搭建网络教学平台、数字化教学资源、

---

① 刘佳.区块链打破"高校围墙"助力智慧教育［J］.电脑与电信，2020（5）：13.

教学软件、信息化教学工具、透明的人才培养机制等，整合教育资源，实现跨平台资源共享，形成开放共享的去中心化教育教学系统；

②建立智能化政务管理系统，建设智慧化党政办公、科研管理、教务管理、财务共享中心、后勤中心等网上办事大厅；

③建立学生主体智慧生活系统，建设点对点交易、虚拟交易、产品溯源等数字系统，搭建学生社团活动中心，开启智慧校园生活模式；

④建立智能安全预警系统，设置智慧安防、智慧充电桩、智能车牌识别功能等，开发身份认证、学历认证、证书认证等认证系统。

（一）评价体系

智慧校园建设到一定阶段以后，需要对智能开放的教学资源、教育环境、去中心化教育系统、以人为本的个性化创新服务等进行量化评价。目前，比较完善的智慧校园评价指标体系包括师生发展、应用服务、数字资源、基础设施、组织保障五个部分。在智慧校园评价指标体系的构建中，从规划建设、平台建设、价值效能三个类别进行项目评价。利用区块链技术、人工智能等建设智慧校园，构造理想的智慧化校园，以特色智慧校园评价指标体系促进和完善智慧校园的建设，为社会培养和输送更优质的高素质人才。

（二）质量体系

区块链技术下的智慧校园质量体系包括基础设施建设策划系统、软件媒介系统、价值功效系统三个层次，具体内容如下：

1. 建设策划系统

智慧学校策划系统可以让学校的秩序井井有条，它既可以从智慧院校硬件设施建设上体现出来，也可以从基础网络建设上体现出来。智慧课堂、智慧办公点、智慧实验室、智慧金融机构、智慧图书馆、智慧饭堂、智慧运动馆、智慧大楼、智慧校舍、智慧交通等都属于智慧硬件设备。云生态智慧校园在数字地图、AI 脸部识别、智慧配置、智慧化管控、智能大楼、窄带互联网（NB-IOT 互联网）等现代科技的帮助下得以构建。

2. 软件媒介系统

智慧学校整体框架在布局过程中要按照相关要求以云计算架构为基础进行，其中主要有支持平台层、基础设施层、使用终端、使用媒介层和信息安全系统。智慧化校园的构建包括智慧学校服务、智慧学习资源、智慧学习环境、智慧学校管控及信息安全系统等不同方面。通过构建智慧学校的生活、工作和教学媒介平台，可以加大学习资源的共享力度，从而营造良好的教学环境。

3. 价值功效系统

社会的不断发展与进步诞生了智慧学校，文化功能、社会功能、个性化创新功能、融创功能等是智慧学校具备的不同功能。

三、以区块链为基础的智慧学校实践

我国现阶段已经在教育中应用了大数据、区块链、人工智能等现代技术。从当下的实际情况来看，以区块链为基础进行的学位认证和网络修学分操作必须要保证学生、学分和学位证书等信息的安全性，要设置查阅权限，不能让人随意阅览，这是构建智慧校园要特别注意的。

在当下"互联网＋"时代，互联网、大数据、人工智能和云计算等新技术都得到了快速发展，我国正在从数字学校的构建逐渐转变为智慧学校的构建，不少学校都投入了大量的人力、物力和财力用以构建智慧学校。合作化、性格化、宽泛化、动态化、智能化等特征要在智慧校园的构建中充分体现出来。不仅如此，教学也正在利用区块链技术快速实现信息化。

（一）基于区块链的学分平台

不可改动性是以区块链为基础构建的学分平台的特征，学分平台可以与网络学习教学平台相结合，对与学习流程监督、网络研习过程记载、学分认证管控、学习档案管理相关的大数据进行鉴别，从而对保研习者进行全面的监督，以完成对他们的学分认证。在得到大众的认可之后要大力推行网络教学模式，加快教学模式的变革速度，进一步提高教学效率。

（二）基于区块链的教学基金捐赠管控平台

学生主体也会推动校园的进步，我国很多高校都相继成立了教育基金会，通过学生的捐赠加快智慧校园的建设速度。但必须保证捐献资金使用的透明度，而区块链有着既不能改变时间顺序，又不能改变参数的特征，通过区块链对学校教育基金会捐赠的管控平台进行监督，可以公示所有捐赠资金的来源和走向，使教学捐款的动向实现透明化和准则化。

第三节　基于极简技术自主创生的智慧校园生态建设

一、极简技术自主创生智慧校园的建设原则

从教育的层面看，教育生态随着人工智能和大数据等新科技的应用而得到了重塑。人们不能再用传统的理念来看待学校、教室和课堂，学校要加快完成"精准化教学""个性化教育"等方面的改革。由于教育环境发生了翻天覆地的变化，所以教育也要顺应形势，做出改变。因此，学校必须加快完成智慧校园的构建。以极简技术为基础的智慧校园建设有以下三个原则。

（一）生态建设理念的原则

学校要想实现教育教学与新技术之间的进一步融合，除了要进行常态化的普及和应用，还要实现全面的创新。智慧校园建设的重点在于充分发挥教师和学生的作用，要让智慧理念、环境、课程之间相互融合，构建一个全新的教育信息化生态；要保证智慧校园始终按照"生态和智慧"的主题进行建设，始终坚持正确的方向，始终遵循"构建促进生命成长的智慧校园生态"理念；要从生态的角度来看待教育现象，在面对教育问题时，可以利用智慧的环境、方法和技术解决，从而保证学生实现个性且全面的发展。

（二）极简技术的原则

能够为学校教学工作提供便利且有助于提高工作效率和学习效率的技术就是极简教育技术。软硬件设计技术在近些年得到了快速发展，当下每个教师和学生基本上都会拥有一部有着语音图像识别能力和程序运算能力的智能手机，而且很多应用软件都提高了实用性，变得更加简洁，这让极简教育技术可以大范围地使用各种软件和硬件。充分发掘教师和学生的创造力，在智慧校园的建设过程中积极鼓励师生使用极简信息技术，会加快智慧校园的建设速度。

（三）师生共建的原则

教师和学生是智慧校园的核心，他们是智慧校园建设服务的主要对象。一方面，可以加强与科技公司和厂商的深度合作，按照师生的真实需求购买相关设备，开发和设计应用软件；另一方面，要鼓励师生积极地投入到智慧校园的建设中，使师生在享受智慧校园服务的同时成为智慧校园数据、方案、产品和系统的设计者，和学校共同完成智慧校园的建设。

二、极简技术自主创生智慧校园的实施方法

（一）使用低代码程序进行开发整合应用

在极简主义的引导下，采用低代码（只需要编写少量代码甚至无需代码）开发平台，针对性解决智慧校园建设中的难点，从学校的需要出发，搭建各类场景下的教育应用平台，继而打通底层数据孤岛，为智慧校园建设降低成本和提升效率。

例如，"钉钉宜搭"中包含了多种类型的软件，可以一站式连通不同的系统和设备。"钉钉宜搭"与第三方软件之间有着良好的兼容性，因此可以整合学校当下使用的多种应用软件。师生可以通过"钉钉宜搭"享受到一站式的移动应用服务。"钉钉宜搭"不仅具备图书查询、通知公告、物品报修和课表查询等功能，还可以按照教育政策和师生需求随时加入新功能，如作业监督、课后服务、问卷调查等，从而将"双减"政策落实到位。

（二）通过学科融合激发教师的创生智慧

一个教师的精力和能力是有限的，所以要实现学科之间的融合，加强不同教师之间的沟通与交流，使其相互学习和借鉴，从而为解决问题提供全新的思路。为了通过信息化技术解决学科教育问题，学校要加快各学科与信息技术学科的深度融合。例如，以极简理念为基础设计出的增强现实沙盘就让等高线的教学需求得到了满足，其功能只保留了一种，即自动生成符合地形的等高线。

此外，学校要加速学科之间的融合。一方面，要从各学科的课程标准出发；另一方面，组织师生积极参与相关活动，定期进行外出考察与实践，在多学科合作共建的基础上实现校园班级的特色文化建设。

（三）发掘并引用极简程序进行创新应用

各种各样的极简新技术、微信号、App、新软件、小程序等层出不穷，有时灵活运用一个非教育程序可以解决很多教学问题。因此，学校要鼓励教师积极发现、选择和应用有利于教学的各种技术和应用，再由学校发布在平台上供广大教师使用。

例如，校园中的每一棵花草树木都可以成为教育资源，但大部分学生并不清楚学校里的植物种类。生物组教师可以组织学生通过"花伴侣"手机App拍摄并识别校园中的花草，在完成鉴定之后将其上传到数据库中，系统便会按照图片和识别结果将校园中的植物位置标注出来，从而形成校园植物地图。这时学生就可以根据校园植物地图查找相关植物，不仅如此，点击植物照片还可以获得植物信息。

（四）基于STEM项目指导学生的自主设计

无论是科学、工程，还是技术和数学教育（STEM教育），都强调多学科融合和团队合作，在重视学生实践能力的同时更要培养他们的创新精神，要求学生可以在实践中发现问题，并全方位、多角度地提出解决问题的办法。

在STEM教育的基础上，通过对3D打印、人工智能基础和智能机器人等课程的学习，可以让学生从校园实际出发设计出构建智慧校园的方案，从而加快智慧校园的建设。

参 考 文 献

［1］李进生.智慧校园基础［M］.北京：首都经济贸易大学出版社，2021.

［2］罗金玲."互联网＋"时代智慧校园建设探索［M］.长春：吉林大学出版社，2016.

［3］袁丽容，曾飞云，陈永婷.智慧校园中的智能教学［J］.中国信息技术教育，2021
（11）：96.

［4］时倩如，韩雪平.高校智慧校园建设思路及发展前景分析［J］.信息与电脑（理论版），
2019（3）：248.

［5］张睿.智慧校园视域下信息素养教学效果研究［J］.创新创业理论研究与实践，2021，
4（8）：84.

［6］邹明亮，王强芬.智慧校园环境下混合式教学模式构建探索［J］.山西高等学校社会
科学学报，2019，31（9）：74.

［7］赵建华.混合学习应用的理论与方法［M］.北京：中央广播电视大学出版社，2015.

［8］陈卫东，刘欣红，王海燕.混合学习的本质探析［J］.现代远距离教育，2010
（5）：30.

［9］孙志伟，李小平，张琳，等.虚拟现实技术下的学习空间扩展研究［J］.电化教育研
究，2019（7）：76.

［10］张家军，闫君子.论智能技术赋权下学习空间的诠释与建构［J］.远程教育杂志，

2021，39（4）：62.

［11］牛永亮．高校智慧校园建设实践与探索［J］.网络安全技术与应用，2022（5）：94.

［12］李璐，王运武．高校智慧校园评价指标体系研究［J］.现代教育技术，2020，30（5）：
87.

［13］王翀，滕腾．开放性智慧校园生活服务平台的设计与实现［J］.软件，2020，41（9）：
43.

［14］张春娥，张云峰，李瑛．智慧校园建设中校园百事通的设计与实现［J］.北华航天工
业学院学报，2019，29（2）：5.

［15］李永明．桌面云技术在智慧校园建设中的应用研究［J］.电脑知识与技术，2022，18
（18）：95.

［16］刘佳．区块链打破"高校围墙"助力智慧教育［J］.电脑与电信，2020（5）：13.

［17］陈林，廖恩红，曹杰．"互联网＋"智慧校园技术与工程实施［M］.成都：电子科技
大学出版社，2017.

［18］杜艳绥．基于云计算技术的智慧校园建设研究［J］.辽宁行政学院学报，2016（11）：
93.

［19］李国平．智慧校园建设中大数据技术的应用［J］.教育现代化，2018，5（43）：173.

［20］林婉英，余丽雯，李菲．基于移动端的高校智慧校园信息建设发展研究［J］.办公自
动化，2018，23（7）：28.

［21］刘东志，刘峰，孟少卿．智慧校园构建实例详解［M］.天津：天津大学出版社，
2018.

［22］刘建．互联网技术在智慧校园建设中的应用［J］.无线互联科技，2020，17（3）：
32.

［23］王志明．智慧校园的研究与探讨［J］.电脑知识与技术，2021，17（33）：4.

［24］王丽娜．基于大数据背景下智慧校园的可视化管理信息系统研究［J］.计算机产品与

流通，2019（8）：191.

［25］邢楠楠.智慧校园智能安防综合管理系统的设计与开发［D］.苏州：苏州大学，

2016：23.

［26］肖斌.智慧校园网络新架构［J］.福建电脑，2022，38（4）：40.

［27］董博，张银玲.智慧校园浅析［J］.科学技术创新，2017（35）：88.

［28］杨凤，张改红，杨瑞.智慧校园建设研究［J］.计算机时代，2021（12）：125.

［29］朱祥烈，岳佳丽.智慧校园，为成长赋能［J］.四川教育，2021（10）：12.

［30］卞玉昌，孙娴.以智慧校园展现学校新样态［J］.江苏教育（教育管理版），2022

（8）：57.

［31］赵晖，彭广成，吴彦铭.5G智慧校园应用［J］.江西通信科技，2020（1）：18.